DAS GRUSELHANDBUCH

PAUL VAN LOON

DAS GRUSEL-HANDBUCH

Ein Ratgeber für schaurige Stunden

Deutsch von Mirjam Pressler
Illustrationen von Axel Scheffler

Verlagshaus Jacoby 🏠 Stuart

Inhalt

I
Die Kunst
des Gruselns

Kommen wir gleich zur Sache: Du hast dieses Buch gekauft, ausgeliehen oder geklaut, weil du Gruseliges magst. Da ist gar nichts dabei. Du bist nicht der oder die Einzige mit Spaß am Gruseln. Zu allen Zeiten haben sich die Menschen Gruselgeschichten erzählt. Offenbar kommen sie nicht ohne

Gruselgeschichten aus. (Übrigens, wenn du dieses Buch geklaut hast, solltest du es jetzt zurückbringen, sonst schnappt dich eines Nachts, wenn du es am wenigsten erwartest, ein Bekannter von mir, ein bösartiger alter Werwolf.)

Im großen Duden steht unter »gruseln«: »Grausen, Furcht empfinden, ängstlich schaudern; sich vor etwas Unheimlichem, Makabrem o. ä. fürchten.«

Der Duden hat vergessen anzugeben, dass du dich auch zum Vergnügen gruseln kannst, indem du Gruselbücher liest oder dir Gruselfilme anschaust. Das Schöne dabei ist, dass du dich gemütlich im eigenen Bett oder in einem Sessel gruseln kannst. Du weißt, dass das, was du siehst, nicht wirklich passiert. Und wenn es zu gruselig wird, schaust du einfach nicht hin, oder du klappst das Buch zu und kriechst tiefer unter die Decke. Danach hast du höchstens einen Alptraum, aber das ist eine gute Gruselgeschichte allemal wert. Und am nächsten Tag liest du dann einfach weiter, schließlich willst du wissen, wie die Sache ausgeht.

Gruseln ist eine Kunst. Wirklich! Denk doch mal an das Märchen der Brüder Grimm aus dem neunzehnten Jahrhundert, *Von einem, der auszog, das Fürchten zu lernen*. Die Hauptfigur in dieser Geschichte ist ein Junge, der dumm ist und nichts lernen kann. Gruseln ist eine Kunst, die er einfach nicht begreift. Er macht sich auf den Weg, um diese Kunst zu lernen. Aber selbst nach drei Nächten in einem Gespensterschloss kapiert er noch nicht, was Gruseln ist. Am Schluss heiratet er eine Prinzessin. Sie ist sein Gejammer übers Gruseln leid, und eines Nachts gießt sie ihm einen Eimer kaltes Wasser, in dem Fische schwimmen, über den Kopf. Er wacht auf und ruft: »Wie gruselt mir, was gruselt mir, liebe Frau! Ja, nun weiß ich, was Gruseln ist!« Und er ist überglücklich.

Da siehst du's, Gruseln ist eine Kunst!

Ein Kennzeichen von Gruselgeschichten ist, dass oft Dinge passieren, die eigentlich unmöglich sind. Tote stehen auf, abgehackte Hände bewegen sich. Man könnte das eine »andere Wirklichkeit« nennen. Eine Wirklichkeit, in der alles möglich ist. Leute, die sich nicht gern gruseln, wissen gar nicht, was ihnen alles entgeht.

Vampire, Werwölfe, Hexen, Geister, Monster und Zombies zum Beispiel. Schon seit Jahrhunderten werden über sie Geschichten erzählt. In diesem Buch findest du Informationen über ihren Ursprung, ihre Gestalt, ihre Gewohnheiten, über Möglichkeiten, sich gegen sie zu schützen, und so weiter. Eigentlich sind all die unheimlichen Gestalten, von denen die Rede ist, miteinander verwandt.

Dieses Gruselhandbuch ist sozusagen ein Gruselfamilienporträt. Ohne die Gruselfamilie wäre das Leben (und das Lesen) ein ganzes Stück langweiliger, auch wenn jeder weiß, dass es sich nur um Ausgeburten der Fantasie handelt.

Die Kunst des Gruselns besteht nämlich darin, für eine Weile so zu tun, als sei alles echt. Mit deiner Fantasie kannst du eine Gruselgeschichte so unheimlich machen, wie du willst. Für den, der keine Fantasie hat, ist ein leichtes Klopfen an der Tür einfach ein leichtes Klopfen an der Tür. Aber für den, der die Kunst des Gruselns beherrscht, kann dieses leichte Klopfen etwas ganz anderes bedeuten. Wer oder was steht hinter der Tür? Ein Vampir? Ein Monster mit acht Armen? Ein Mann mit einem Eisenhaken? Der Zahnarzt?

Ein Gruselkünstler wird nicht ruhig schlafen, bevor er weiß, von wem das leise Klopfen stammt. Wer sich nicht gruseln kann, geht ruhig ins Bett und schläft ein. Er hat vor nichts Angst. Aber in irgendeiner Nacht, wenn er ahnungslos schläft, werden ihn die Monster vielleicht hereinlegen …

In diesem Handbuch sind alle Gruselgestalten aufgeführt.

Sie alle haben auf jeden Fall eins gemeinsam: Es wird über sie geschrieben, damit sich die Leser gruseln. Du wirst feststellen, dass man die Gruselfamilie in zwei Gattungen einteilen kann. Es gibt Wesen, die man sich nur ausgedacht hat, dazu gehören beispielsweise Vampire und Werwölfe, und andere, die es in Wirklichkeit gibt oder gab, wie Hexen und Zombies. Von Geistern wissen wir nicht genau, ob es sie wirklich gibt. Manche Leute können sie sehen, aber die meisten haben noch nie einen Geist zu Gesicht bekommen. Du kannst selbst entscheiden, was du glauben willst.

Du kannst das Gruselhandbuch als Nachschlagewerk benutzen; du kannst es aber auch gebrauchen, wenn Probleme drohen.

Wenn du zum Beispiel merkst, dass die Brusthaare deines Lehrers über seinen Kragen hinauswachsen, und wenn er auch noch zusammengewachsene Augenbrauen hat, wäre es vielleicht ganz sinnvoll, erst einmal das Kapitel über Werwölfe durchzunehmen.

Wenn deine Lehrerin in der letzten Zeit auffallend blass aussieht und du den Eindruck hast, dass ihre Eckzähne immer spitzer werden, dann rate ich dir, sofort mit dem Kapitel über Vampire zu beginnen. Vielleicht lässt sich noch etwas retten.

Hinten im Buch ist übrigens eine ganz aktuelle Liste mit Gruselbüchern für Kinder. Sie ist natürlich nicht vollständig, es handelt sich nur um eine Auswahl.

Und im 8. Kapitel werden drei klassische Gruselbücher vorgestellt. Es sind eigentlich Bücher für Erwachsene, aber weil sie die Urgroßeltern der modernen Gruselgeschichten sind, dürfen sie im Gruselhandbuch nicht fehlen. Unser Dank gilt Jack Didden, der sich in die drei Klassiker vertieft hat und das entsprechende Kapitel schrieb.

Zum Schluss: Grusel dich fröhlich mit, aber vergiss nicht, unter deinem Bett nachzuschauen, bevor du das Licht ausmachst! Man kann ja nie wissen.

Paul van Loon

2
Vampire

V ampire sind von allen Gruselgestalten vielleicht diejenigen, die am meisten geliebt und zugleich gefürchtet werden. Schon seit Jahrhunderten erzählt man sich Geschichten über Vampire.

Aber was sind Vampire eigentlich? Sie sind Wesen, die weder tot noch lebendig sind. Außerdem sind sie unsterblich. Das ist alles sehr seltsam, wenn du darüber nachdenkst. Aber wer die Kunst des Gruselns beherrscht, weiß, dass es hier um die »andere Wirklichkeit« geht, in der alles möglich ist.

Vampire werden auch Untote genannt, sie befinden sich in einem Zustand zwischen Leben und Tod.

Sowohl Männer als auch Frauen können Vampire sein. Das Wort Vampir stammt aus Osteuropa und bedeutet »Untote«. In unsere Sprache gelangte das Wort zu Beginn des achtzehnten Jahrhunderts.

Was tun Vampire?

Tagsüber schlafen Vampire in dem Sarg, in dem sie begraben wurden. Nachts kommen sie heraus und machen sich auf die Suche nach Blut. Davon leben sie. Etwas anderes essen oder trinken sie nicht. Vampire sind verrückt nach dem Blut lebendiger Menschen. Männliche Vampire beißen am liebsten Frauen, und weibliche Vampire mögen Männerhälse lieber. Nur wenn sie keinen Menschen finden können, begnügen sie sich auch mal mit einem Huhn oder einem Schaf.

Wenn sie ein Opfer gefunden haben, beißen sie es mit ihren langen scharfen Eckzähnen in den Hals. Dann saugen sie ihm das Blut aus der Halsschlagader.

Diese Untoten sind also blutsaugende Gefährten. Meist besuchen sie dasselbe Opfer mehrmals. So lange, bis sie all sein Blut herausgesaugt haben. Dann wird das Opfer selbst zu einem Vampir, der nun seinerseits auf die Suche nach einem Opfer geht, in das er seine Zähne schlagen kann. Wenn es so weiterginge, würde ein ständig wachsender Club von Vampiren entstehen. Doch zum Glück gibt es eine ganze Reihe treffsicherer Mittel, Vampire zu töten.

Wie sieht ein Vampir aus?

Altmodische Vampire

In den meisten älteren Geschichten tragen Vampire ein langes schwarzes Cape und sind überhaupt schwarz gekleidet. Nie ziehen sie etwas Buntes an, auch die weiblichen Vampire nicht. Durch die schwarze Kleidung können sie bequem

im Schatten verschwinden und sich fast unsichtbar durch die Nacht bewegen. Dieses Vampir-Outfit ist allerdings sehr altmodisch und stammt aus dem neunzehnten Jahrhundert, als das Buch *Dracula* von Bram Stoker erschien. Die »alten« Vampire waren oft auch an ihren Fingernägeln zu erkennen, die schrecklich lang waren, und manchmal wuchsen ihnen auch Haare auf den Handflächen.

Moderne Vampire

Moderne Vampire tragen alles Mögliche. Jeans-Anzüge, Stiefel, bunte Stulpen, Bodystockings, Latzhosen, Hosenröcke, je nachdem, was sie in dem Moment anhatten, als sie Vampire wurden. Moderne Vampire haben auch verschiedene Frisuren, von einem wilden dreifarbigen Haarbüschel bis zu einem Pferdeschwanz oder einem kahlgeschorenen Kopf. Alles ist möglich.

Der moderne Vampir ist modebewusster als der alte und wählt manchmal sogar einen neuen Mantel. In dem Film *The Lost Boys* (1987) fahren junge Punk-Vampire auf Motorrädern durch die Stadt, mit langen Ledermänteln bekleidet.

Andere Vampire

Die oben beschriebenen Vampire kommen vor allem in Geschichten aus Westeuropa und Amerika vor. In anderen Ländern sehen Vampire jedoch manchmal ganz anders aus. In chinesischen Geschichten finden sich Vampire mit grünen Haaren auf dem ganzen Körper, und manche leuchten sogar. In Bulgarien glaubt man, dass Vampire nur ein einziges Nasenloch haben. In japanischen Geschichten gibt es einen Vampir, der aussieht wie eine riesige Katze. Und ein malaiischer Vampir, der Pélèsit, hat die Gestalt einer Heuschrecke mit einem spitzen Schwanz, mit dem er Menschenhaut durchbohren kann.

Eckzähne

Die wichtigste Waffe der Vampire, der alten wie der modernen, sind die messerscharfen Eckzähne. Mit ihnen beißen sie winzig kleine Löcher in den Hals ihres Opfers, um danach das Blut aus der Halsschlagader saugen zu können. Wenn du auf einem Buchumschlag oder auf einem Filmplakat zwei scharfe Eckzähne siehst, dann weißt du schon, dass das Buch oder der Film von einem Vampir handelt. Die Eckzähne sind das Symbol der Vampire.

Leichenblässe

Die Gesichter der Vampire sind leichenblass. Schuld daran sind Blutmangel und der Mangel an Sonnenlicht. Kein Wunder, denn ein Vampir kommt nie in die Sonne. Er kann Tageslicht nicht ertragen. Bevor die Sonne aufgeht, verkriecht sich der Vampir an einem dunklen Ort, meist in seinem Sarg, sonst würde er zu einem Häufchen Asche verbrennen. Sogar ein einziger Streifen Sonnenlicht versengt seine Haut schon. Nur wenn der Vampir gerade eine blutreiche Mahlzeit hinter den Eckzähnen hat, röten sich seine bleichen Wangen. Dann werden sogar seine Augen blutrot.

Schutz gegen Tageslicht

Moderne Vampire wagen sich öfter ins Freie. Sie benutzen Sonnenbrillen, Handschuhe, Hüte und Sonnenschutzcremes mit einem hohen Lichtschutzfaktor.

Verstecke

Vampire streunen gern auf Friedhöfen herum. Sie fühlen sich wohl zwischen den Toten, weil sie selbst untot sind, und sie können sich hier auch ausgezeichnet verstecken.
Früher waren Gräber manchmal richtige Häuser, in denen die Särge der ganzen Familien standen. Dort konnten sich

mehrere Vampire verstecken. Am liebsten versteckt sich ein Vampir in seinem eigenen Sarg.

Dieses Ding, den Sarg, schleppt er überallhin mit. Der Sarg eines Vampirs ist innen schmutzig und voller Blutflecken, weil sein Mund oft blutverschmiert ist, wenn er sich hineinlegt. Wenn er zu gierig getrunken hat, läuft ihm das Blut dann einfach aus dem Mund, wenn er schläft. Im Sarg hebt der Vampir auch Erde aus seinem Geburtsort auf, um Kraft daraus zu schöpfen.

Vampire bleiben nie lange am selben Ort. Sie haben Angst, entdeckt zu werden, deshalb streunen sie herum, immer auf der Suche nach einem sicheren Platz und einem neuen Opfer. Wenn sie genug Geld haben, mieten sie sich ein Zimmer oder ein Haus, wo sie dann im Schlafzimmer ihren Sarg aufstellen.

Früher transportierten sie ihre Särge in Kutschen, Zügen und Schiffen. Heutzutage schalten sie einfach eine Transportfirma ein und lassen ihn am Ort der Bestimmung abliefern.

Vampire, die keine Särge haben, weil sie zum Beispiel Vampire wurden, bevor man sie beerdigen konnte, verstecken sich an anderen dunklen Orten. In Kellern, Lagerräumen, alten Fabrikhallen, in U-Bahn-Schächten. Sie können überall um uns herum sein, ohne dass wir es wissen.

Der reisende Vampir

Vampire reisen meist bei Nacht, damit man sie nicht sieht. Trotzdem können Probleme auftauchen.
Aus irgendwelchen unklaren Gründen können sie kein Gewässer überqueren. Dazu brauchen sie die Hilfe von anderen, oft von Verbrechern oder Leuten, die für Geld alles tun, ohne Fragen zu stellen. Früher ließen sie sich in ihren Särgen per Boot über Flüsse und Seen bringen. Das ist jetzt viel einfacher, weil es Flugzeuge gibt. Der Vampir bucht einen Nachtflug. Er reist erster Klasse, und sein Sarg ist einfach beim Gepäck, vielleicht in einer großen Kiste mit der Aufschrift »Bananen« oder »Whisky«, und kein Hahn kräht danach.

Alter

Zeit hat für einen Vampir keine Bedeutung. Wenn jemand dadurch zum Vampir wird, dass ein anderer Vampir ihn mehrere Male gebissen hat, dann behält er sein früheres Aussehen. Er verändert sich nicht mehr. Ein dreitausend Jahre alter Vampir kann also zum Beispiel aussehen wie ein Baby oder ein zehnjähriges Kind, je nachdem, in welchem Alter er gebissen wurde.

Ein Vampir altert nicht. Man sagt allerdings, dass er nach dem Genuss von frischem Blut jünger aussieht. Es wirkt auf ihn wie eine Verjüngungskur. Vielleicht ist das ein Grund dafür, dass Vampire so verrückt nach Blut sind.

Mit ein bisschen Glück können Vampire Tausende oder Zehntausende von Jahren alt werden, jedenfalls dann, wenn sie nicht von einem Vampirjäger getötet werden.

Kein Spiegelbild und kein Schatten

Vampire haben kein Spiegelbild. Das ist vielleicht auch ganz gut so, denn wenn sie sich mit ihren langen Zähnen und ihrer Leichenblässe selbst sehen könnten, würden sie vielleicht zu Tode erschrecken.

In der Wohnung eines Vampirs wirst du nie einen Spiegel entdecken. Sie hassen Spiegel. Leuten, die keinen Spiegel in ihrer Wohnung hängen haben, sollte man mit einem gewissen Misstrauen begegnen.

Im Allgemeinen haben Vampire auch keinen Schatten. Eine Ausnahme sind Vampire im Film. Aber das sind ja auch nur Schauspieler, keine echten Vampire.

Verwandlung

Wenn ein Vampir entdeckt wird, kann er sich blitzschnell in eine Fledermaus verwandeln und fliehen. Wenn er will, kann er auch zu einem Hund oder zu einem anderen Tier werden.

Meist wählt er jedoch die Fledermaus, weil er sich so nachts am schnellsten aus dem Staub machen und große Entfernungen im Flug zurücklegen kann.

Macht über Tiere und über das Wetter

Es gibt eine ganze Reihe von Tieren, die von Vampiren beherrscht werden: Wölfe, Ratten, Hunde, Fledermäuse und Fliegen. Sie gehorchen allen Befehlen der Vampire. Vampire benutzen diese Tiere, um sich selbst zu schützen, um Nachrichten weiterzugeben und um Opfer anzulocken.

Außerdem kann der Vampir das Wetter beeinflussen, zum Beispiel einen Nebel herbeirufen. So kann er dafür sorgen, dass Menschen sich im Nebel verirren und dann von Wölfen oder Hunden regelrecht zwischen seine Eckzähne getrieben werden.

Einladung

Ein Vampir kann kein Haus betreten, ohne
von einem der Bewohner ausdrücklich ein-
geladen worden zu sein. Ist das aber einmal
geschehen, kann er so oft kommen und gehen, wie er Lust hat. Der Trick, den viele

Vampire anwenden, ist natürlich, dass sie versuchen, mithilfe einer Verkleidung Zugang zu einem Haus zu finden.
Sei also vorsichtig, wenn du einen Unbekannten an einem
nebligen Abend einlädst! Bevor du dich umguckst, hast du
seine Zähne im Nacken. Und dann kommt er auch noch jeden Abend wieder! Keine Türen oder Fenster können ihn
zurückhalten. Ein Vampir kann sich nämlich nicht nur in ein
Tier verwandeln, sondern auch in einen Nebelstreifen. Und
so dringt er dann durch Spalten und Ritzen ins Haus. Ist er
erst einmal drin, nimmt er wieder seine Vampirgestalt an.

Hypnose

Schau einem Vampir nie in die Augen, sonst bist du verloren.
Du wirst willenlos, und bevor du weißt, wie dir geschieht,
wirst du gebissen.
Ein Vampir kann sein Opfer hypnotisieren. Wenn er je-
manden gebissen hat, kann sich diese Person am folgenden
Morgen an nichts erinnern. Sie wird nur immer blasser. Sie

magert ab und versucht, der Sonne auszuweichen, ohne dass sie selbst weiß, warum sie das tut. Erst wenn sie ein Vampir geworden ist, versteht sie es, aber dann ist es zu spät.

Kraft

Vampire sind schrecklich stark. Sie haben die Kraft von zehn Männern, und wenn sie gerade Blut gesaugt haben, sind sie doppelt so stark. Wegen ihrer Kraft sind Vampire fast unschlagbar. Der beste Moment, einen Vampir anzugreifen, ist deshalb tagsüber, wenn er schläft. Aber pass auf: Sogar im Schlaf kann er seine Augen öffnen und jemanden allein durch seinen Blick festhalten, bis es dunkel wird!

Wie wird jemand zum Vampir?

Es gibt verschiedene Ursachen, durch die jemand zum Vampir wird. Aber es passiert nie aus freiem Willen.

Der Biss eines Vampirs

Wenn jemand von einem Vampir gebissen wird, wird er selbst zum Vampir. Einmal Beißen reicht meist nicht aus. Der Vampir muss sein Opfer mehrmals gebissen haben, bis es leergesaugt ist und stirbt. Sobald der Mensch tot ist, verwandelt er sich in einen echten Vampir. Nur wenn der ursprüngliche Vampir getötet wird, kann sein Opfer, das gerade dabei ist, ein Vampir zu werden, diesem Schicksal entkommen. Vampiropfer leiden schon bald an Blutarmut, und du erkennst sie an ihren bleichen Gesichtern.

Blut eines Vampirs trinken

Auch indem man das Blut eines Vampirs trinkt, kann man sich in einen Vampir verwandeln. Der Vampir macht sich mit den Zähnen ein Loch in die Pulsader, oder er kratzt sich mit den Nägeln einen Riss in die Brust und zwingt sein Opfer, Blut aus der Wunde zu saugen. Von diesem Moment an beginnt die Verwandlung, weil das Opfer nun Vampirblut in

seinem Körper hat. Es wird zum Sklaven des Vampirs, dessen Blut es getrunken hat, und wird oft losgeschickt, um ein paar »leckere Häppchen« für seinen Meister zu holen.

Meist geht es so vor sich wie oben beschrieben, aber manche Menschen sind bereits von Geburt an dazu bestimmt, Vampire zu werden.

Mit Zähnen geboren werden

Dazu gehören zum Beispiel Babys, die mit Zähnen geboren werden.

In osteuropäischen Ländern freuen sich Eltern nicht darüber.

Erstens tut es den Müttern weh, wenn sie solche Babys stillen. Schlimmer ist noch: Diese Babys werden nach ihrem Tod Vampire. Wenn sie sehr jung sterben, entstehen auf diese Art Baby-Vampire.

Das siebte Kind

Bei dem siebten Kind eines Elternpaars ist es nicht unwahrscheinlich, dass es nach seinem Tod zum Vampir wird. Zum Glück gibt es heutzutage vor allem kleinere Familien, das verringert die Chance für neue Vampire.

Weihnachten

Wer an Weihnachten geboren wird beziehungsweise kurz davor oder danach, hat große Aussicht, später als Vampir weiterzuleben. Also kein fröhliches Weihnachtsfest.

Mit dem Helm geboren

Wer mit dem »Helm« geboren wird – das ist eine Haut über dem Kopf –, hat ebenfalls die Chance, nach seinem Tod zum Vampir zu werden.

Von Menschen, die mit dem Helm geboren werden, sagt man oft, sie könnten hellsehen. Wahrscheinlich entstehen so hellsehende Vampire.

Selbstmord

In Transsylvanien, einem Landstrich in Rumänien, glaubt man, dass ein Selbstmörder zum Vampir wird.

Trifft eines dieser Merkmale auf jemanden zu, besteht eine große Chance, dass es sich bei ihm oder ihr um ein zukünftiges Mitglied des Vampirclubs handelt. Ist die betreffende Person allerdings an einem Samstag geboren, hat sie Glück gehabt. Samstagskinder können nämlich nie Vampire werden. Sie eignen sich deshalb hervorragend zu Vampirjägern, weil sie nicht gefährdet sind.

Vampire bekämpfen

Wie lässt sich verhindern, dass der Club der Vampire immer mehr Mitglieder bekommt, bis schließlich die gesamte Weltbevölkerung aus Vampiren besteht? Das würde zwangsläufig passieren, gäbe es keine Mittel, Vampire zu töten.

Und wie kannst du dich selbst gegen den Angriff eines Vampirs schützen? Eine wichtige Frage für jeden Gruselkünstler, der noch lange Spaß an seiner Kunst haben möchte, aber eben doch nicht bis in alle Ewigkeit.

Vampirjäger

Ist ein Vampir in der Stadt gesehen worden, dann such im Internet nach einem Vampirjäger in deiner Nähe.

Vampirjäger sind Menschen, die berufsmäßig Vampire ausrotten. Meist sind sie Einzelgänger, doch manchmal treten sie auch einem Club bei.

Für einen Vampirjäger sind bestimmte Utensilien unverzichtbar. Einen echten Vampirjäger kannst du schon aus einem Kilometer Entfernung erkennen, denn er stinkt nach Knoblauch. Um den Hals trägt er einen Kranz aus Knoblauchzehen. Seine Waffen sind ein Hammer und eine Tasche voller Holzstangen: dicke Stöcke, die unten spitz zugeschnitten sind. Am besten ist dafür Eschenholz geeignet. Man sagt, es habe eine besondere Kraft, weil das Kreuz Christi aus Eschenholz gewesen sein soll. Oft hat der Vampirjäger auch ein Kruzifix dabei.

Wenn du im Internet keinen Vampirjäger in deiner Nähe findest, musst du dich selbst an die Arbeit machen.

Holzstangen

Am besten wird man mit einem Vampir tagsüber fertig,
wenn er in seinem Sarg schläft.

Den Sarg musst du natürlich erst mal finden. Friedhöfe, U-
Bahn-Schächte, Keller und leere Fabrikhallen sind Orte, wo
du nachschauen solltest. Manchmal zeigen dir Blutspuren
den Weg. Wenn du den Sarg gefunden hast, vergewissere
dich, ob draußen noch Tag ist. Sonst erlebst du eine unan-
genehme Überraschung. Denn sobald die Sonne untergeht,
wacht der Vampir auf, und dann bist du verloren. Verschieb
deine Arbeit also notfalls auf den nächsten Morgen, um sie
ungestört fortsetzen zu können.

Der Vampir liegt ruhig in seinem Sarg und schläft, ohne
zu atmen, und manchmal mit offenen Augen. Denk dran:
Schau ihm nie in die Augen! Nimm den Hammer, schlag die
Stange mit der scharfen Spitze durch sein Herz, und nagle
ihn damit am Sargboden fest. In dem Moment, in dem sein
Herz durchbohrt wird, reißt der Vampir die Augen auf und
stößt einen furchtbaren Schrei aus. Darauf musst du vor-
bereitet sein, sonst erschrickst du dich zu Tode. Vielleicht
schießt Blut aus seiner Wunde. Und wenn der Vampir viel
getrunken hat, spuckt er dir vermutlich auch noch einen
Schwall Blut ins Gesicht.

Das ist manchmal ziemlich ekelhaft, aber damit ist es dann
auch wirklich vorbei. Der Vampir wacht nie mehr auf, und
wenn er schon sehr alt ist, zerfällt er vor deinen Augen zu
Staub.

Feuer

Feuer ist auch ein geeignetes Mittel, einen Vampir zu töten. Binde Ketten um den Sarg, und zünde ihn dann an. Aber vergiss nicht, dass der Vampir bärenstark ist. Es kann sein, dass er ausbricht und als Fledermaus den Flammen entkommt.

Tageslicht

Eine andere Möglichkeit besteht darin, dass du den geöffneten Sarg samt Vampir ins Tageslicht schleppst, dann zerfällt der Vampir von alleine. Auch diese Methode ist nicht einfach, denn die Särge sind bleischwer. Versuch es also nie allein!

Kopf ab

Wenn man einem Vampir den Kopf abhackt, ist das ein sicheres Mittel, ihn zu töten, vor allem in Kombination mit einer Holzstange, die man ihm durchs Herz bohrt. Auch hier gilt, dass du diese Methode nur tagsüber anwenden kannst, wenn der Vampir in seinem Sarg liegt. Denn nachts ist er als Vogel oder Fledermaus blitzschnell verschwunden. Und noch was: Ein scharfes Beil ist besser als ein stumpfes.

Silberkugeln

Wenn dir das Kopfabhacken und Herzdurchbohren zu eklig vorkommt, gibt es noch eine andere Möglichkeit. Erschieß den Vampir mit einer Silberkugel, die von einem Priester geweiht wurde. Aber dann musst du dafür sorgen, dass der Vampir anschließend nicht ins Mondlicht kommt, denn Mondlicht kann ihn wieder lebendig machen.

Wenn du einen Vampir also nachts vor deiner Tür totgeschossen hast, musst du ihn auf der Stelle ins Haus schleppen. Du kannst deiner Familie ja später erklären, was los ist.

Knoblauch

Vampire können Knoblauch nicht ertragen. Warum das so ist, weiß man nicht genau. Schon seit Jahrhunderten glauben Menschen, dass Knoblauch eine besondere Macht besitzt. Der Römer Plinius schrieb im ersten Jahrhundert unserer Zeitrechnung in seinem Buch *Naturalis Historia,* dass Knoblauch ein gutes Abwehrmittel gegen Schlangen und Skorpione sei. Diese Tiere hielten den Geruch von Knoblauch nicht aus.

Auch Vampire hassen ihn. Häng Knoblauch vor dein Fenster, und kein Vampir wagt sich ins Haus.

Findest du den Sarg eines Vampirs und legst ein Bund Knoblauch hinein, so kann der Vampir nicht mehr in den Sarg zurück. Bevor es hell wird, muss er ein anderes Versteck finden. Knoblauch ist also tatsächlich ein gutes Mittel, Vampire aufzuscheuchen.

Mit Knoblauch kannst du einen Vampir nicht töten. Du kannst ihn damit nur abschrecken und dich selbst schützen. Doch dass du vorsichtig vorgehen musst, beweist die folgende wahre Geschichte:

In Stoke-on-Trent in England starb 1973 ein Mann, weil er im Schlaf an einer Knoblauchzehe erstickt ist. Dieser Mann, ein nach England emigrierter Pole, glaubte wirklich an Vampire. Auf seiner Fensterbank stand ein Topf mit Knoblauch, und um sein Bett herum hatte er Salz gestreut. (Manchmal wird auch Salz als Abwehrmittel gegen Vampire benutzt.) Der Mann war eingeschlafen, mit einer Knoblauchzehe im Mund, und daran erstickt. Er war an seinem eigenen Aberglauben gestorben.

In mehreren deutschen Tageszeitungen stand am 24. Juni 1994 eine Meldung der Deutschen Presse-Agentur (dpa), die jedem Vampirkenner sofort aufgefallen sein wird:

KNOBLAUCH GEGEN BLUTFETT
Oxforder Studie: Erfolg bereits nach einem Monat

Eine Knoblauchtherapie kann die Blutfettwerte erheblich senken. Zu dieser Erkenntnis gelangten Christopher Silagy und Andrew Neil von der Universität Oxford, nachdem sie 16 Studien mit Daten von 952 Patienten ausgewertet hatten. Bei den Untersuchungen hatte jeweils eine Gruppe regelmäßig Knoblauch zu sich genommen, während die andere mit einem Placebo »behandelt« wurde. Beim Vergleich der Werte von Gesamtcholesterin, Triglyceriden und HDL-Cholesterin ergaben sich zwischen den

Gruppen spürbare Unterschiede, berichtet die »Ärzte-Zeitung«. Bereits nach einem Monat sank der Serumspiegel des Gesamtcholesterins bei den »Knobi«-Konsumenten um etwa 30 Milligramm pro Deziliter. [...]

Und im April-Heft der Zeitschrift »test«, die von der Stiftung Warentest herausgegeben wird, hieß es in einem Beitrag über Knoblauchpillen:

Knoblauch vertreibt, wie wir wissen, Vampire und geruchsempfindliche Zeitgenossen. Seit einigen Jahren lockt das mythenumwobene Zwiebelgewächs jedoch Millionen Menschen an – als »Patienten«. [...] Das Geschäft mit Knoblauch boomt hierzulande nun schon seit einigen Jahren. Im Jahre 1991 waren zum Beispiel alle Hersteller von Knoblauchpillen »ausgebucht«; sie hatten Lieferschwierigkeiten.

Vampire werden diese Berichte mit knirschenden Zähnen gelesen haben. Je mehr Knoblauch gegessen wird, umso schwieriger wird es für sie, ein geeignetes Opfer zu finden.

Kruzifixe

Man sagt, dass Kruzifixe abschreckend auf Vampire wirken, doch darauf darf sich ein Vampirjäger nicht verlassen. Das Kreuz ist ein religiöses Symbol, und nicht jeder Vampir ist dafür empfänglich. Manche Vampire behalten einen Brandfleck zurück, wenn sie mit einem Kruzifix in Berührung kommen, andere lachen nur darüber.

Was passiert, wenn ein Vampir getötet wird?

Manche sehr alte Vampire zerfallen ganz und gar, sobald sie getötet werden. Ihre Haut verdorrt wie Herbstlaub und blättert ab, bis nur noch das Gerippe übrig ist. Das zerfällt dann zu einem Häufchen Staub. War der Betreffende aber noch nicht so lange ein Vampir, behält er seine Gestalt, wenn er getötet wird. Seine spitzen Eckzähne verschwinden, und er sieht wieder genauso aus wie vorher, bevor er zum Vampir wurde. Doch nun ist er für immer tot.

Wo hat es begonnen?

Der Vampir, wie er in den Geschichten meist vorkommt und wie er auch hier beschrieben wird, hat seinen Ursprung in Osteuropa. In Rumänien entstanden im sechzehnten Jahrhundert Geschichten über blutdürstige Wesen, die nachts aus ihren Gräbern stiegen und sich auf die Suche nach Blut machten. Sie wurden als grobe, plumpe Figuren mit roten Köpfen beschrieben, die Menschen angriffen. Ein solches Wesen wurde Vampir oder Nosferatu (Untoter) genannt. Man glaubte, Vampire seien schuld an allen möglichen schlimmen Krankheiten, an denen die Menschen damals starben. Auf dem Land nagelte man nachts Knoblauchkränze vor ihre Fenster, um die Vampire fernzuhalten. In Osteuropa, vor allem in den Balkanländern, existiert heute noch der Glaube an Vampire.

Bei manchen Beerdigungen werden immer noch Vorsichtsmaßnahmen getroffen, damit ein Toter nicht als Vampir zurückkehrt. Man begräbt den Toten mit Knoblauch im Mund, oder man nagelt ihn am Sarg fest.

Die allerersten Blutsauger

Vor langer Zeit schon glaubten die Menschen an blutsaugende Monster, nur hießen sie damals noch nicht Vampire. Mehr als zweitausend Jahre alt sind die griechischen Geschichten über Lamia, eine Vorgängerin der »modernen« Vampire. Sie sah aus wie eine geflügelte Schlange mit Brüsten und dem Kopf einer Frau. Sie trank erst das Blut von Kindern, dann aß sie sie auch noch auf. Noch früher glaubten die Menschen in Assyrien (dem heutigen Nordirak) an einen blutsaugenden Geist namens Ekimmu, der seine Opfer in Stücke riss. Verglichen mit ihnen kommen einem die »modernen« Vampire direkt liebenswert vor.

Der bekannteste Vampir: Dracula

Das Bild des Vampirs mit schwarzem Cape und bleichem Gesicht, eines Adligen, der in einem alten, verfallenen Schloss lebt, haben wir Graf Dracula zu verdanken, dem berühmtesten aller Vampire. Er stellt jeden in den Schatten, wenn er einen hätte, natürlich. Dracula hat dafür gesorgt, dass Vampire in der ganzen Welt berühmt und berüchtigt wurden.

Dracula entstammt der Fantasie des irischen Schriftstellers Bram Stoker. Stoker benutzte die rumänischen Geschichten von Vampiren, die über Friedhöfe schwebten, als Hintergrund für sein Buch *Dracula*. Doch er machte aus seinem Vampir einen Edelmann, der in einem alten Schloss lebte. *Dracula* erschien erstmals 1897 und wurde seither immer wieder aufgelegt, bis heute.

Die Geschichte handelt von Graf Dracula, der in Transsylvanien in Rumänien lebt. Transsylvanien bedeutet »Das Land hinter dem Wald«. Es ist ein wilder Landstrich, voller Berge und Wälder. Dracula ist ein vierhundert Jahre alter Vampir, der eines Tages beschließt, sein Schloss zu verlassen. Er zieht nach England, um dort seine Vampirarbeit fortzusetzen. Weiteres über diese Geschichte erfährst du in Kapitel 9.

Der Name Dracula ist auf der ganzen Welt bekannt. Fast jeder hat mal von ihm gehört. Er ist eine Berühmtheit, so wie der Nikolaus oder der Weihnachtsmann. Doch er bringt keine Geschenke. Er will Blut!

Vampirkult

Über Dracula gibt es mehr als zweihundert Filme, und noch immer werden neue gedreht. Das Buch war Vorlage für Theaterstücke, Hörspiele, ja sogar Ballettaufführungen. Comics über Dracula erscheinen regelmäßig, und es wurden auch

Musikstücke komponiert, die ihn zum Thema haben, zum Beispiel das Lied »Love Song for a Vampire« von Annie Lennox, das aus der letzten Verfilmung von Dracula, *Bram Stoker's Dracula* (1992), stammt. Bram Stokers Buch hat für einen regelrechten Vampirkult gesorgt, der noch immer anhält. In England gibt es sogar eine Dracula-Gesellschaft, »The Dracula Society«. Deren Mitglieder feiern jedes Jahr am 8. November den Geburtstag von Bram Stoker, dem Schöpfer von Dracula.

In New York gibt es einen Dracula-Fanclub, der eine eigene Zeitschrift herausgibt. In der Nachfolge Draculas erschienen Filme über einen dunkelhäutigen Vampir: »Blacula«. Und sogar die »Sesamstraße« hat ihren eigenen kleinen Spieldracula: Graf Zahl, einen ziemlich unschuldigen Vampir, der die Kinder das Zählen lehrt. (Auf Englisch heißt er »Count Count«. Count bedeutet sowohl »Graf« als auch »zählen«.)

Vampir-Industrie

Dank Dracula wurde auch der Vampir-Tourismus erfunden. Reisebüros organisieren Gruselflüge nach Rumänien, das seit »Dracula« als Land der Vampire betrachtet wird. Dort kann man im Dracula-Hotel übernachten, das auf dem Borgóer Pass erbaut wurde, wo sich die Geschichte Draculas zum Teil abgespielt hat. In Souvenirläden kann man Dracula-Puppen, Dracula-Zähne, Fledermäuse und Masken kaufen. Es gibt Dracula-Spielzeugautos, Sticker, Puzzles, T-Shirts, Computerspiele, Dracula-Süßigkeiten und -Cornflakes, ja sogar Dracula-Zahnpasta. Kurzum, der Graf ist verantwortlich für eine regelrechte Vampir-Industrie.

Vlad Tepes, der echte Dracula

Der Mann, den Bram Stoker als Vorbild für Dracula benutzt hat, war ein grausamer Diktator aus dem fünfzehnten Jahrhundert, der in der Walachei lebte, einer Provinz Transsylvaniens in Rumänien. Vlad Dracula wurde er genannt. Er wurde 1431 geboren und starb 1476. Von 1448 bis 1476 war er Prinz der Walachei. Er wurde mehrmals abgesetzt, bekam seine Stellung aber immer wieder zurück. Dracula bedeutet »Sohn eines Drachen oder Teufels«. Vlad Dracula war Mitglied einer Organisation, die »Orden des Drachen« hieß, und ihr Symbol war ein Drache, der Dracul.

Dieser Vlad war ein blutrünstiger Tyrann, der auf brutale Weise nicht nur seine Feinde tötete, sondern auch seine eigenen Landsleute, Bettler, Bauern und andere, die ihm nicht gefielen. Kein einziger Vampir dürfte so viele Opfer finden können wie dieses reale menschliche Ungeheuer.

Die Hauptperson aus dem Buch Bram Stokers hat denselben Namen, und ein großer Teil der Erzählung spielt in Transsylvanien. Doch die Handlung des Buches hat der Autor erfunden.

Volksheld

Heutzutage wird Vlad Dracula in Rumänien ein bisschen als Volksheld betrachtet, weil er viele Schlachten für das Land gewonnen und die Türken vertrieben hat. Man versucht, seine Ehre wiederherzustellen. 1976 wurde eine Briefmarke mit seinem Bild herausgegeben. Der ehemalige rumänische Diktator Ceaușescu hatte sogar geplant, das Schloss Vlad Draculas restaurieren zu lassen und es selbst zu beziehen. Aber er wurde 1989 durch die Armee exekutiert. Vermutlich gerade noch rechtzeitig, denn im rumänischen Volksmund wurde Ceaușescu schon »Vampir« genannt.

Ob er vielleicht doch … ?

Der echte Dracula ist fünf Jahrhunderte nach seinem Tod noch immer nicht vergessen. In Amerika werden Medaillons

mit Vlad Draculas Porträt verkauft. In den Medaillons befindet sich auch ein wenig Erde aus dem Städtchen Sighişoara in Transsylvanien, dem Geburtsort Vlad Draculas. Das zeigt eine seltsame Übereinstimmung mit dem Glauben, dass Vampire immer etwas Erde ihres Geburtsorts in ihrem Sarg aufbewahren.

Für einen echten Gruselkünstler wird es nun noch seltsamer: 1931 wurde das Grabmal geöffnet, in dem der Leichnam Vlad Draculas ruhen sollte. Man fand einen Schädel und ein Skelett von zwei verschiedenen Personen. Doch keiner von beiden war Vlad. Seine Leiche war verschwunden und tauchte nie wieder auf. Ob er vielleicht doch ein echter Vampir war?

Desmodus rotundus

Einen Vampir gibt es jedenfalls wirklich. Er ist ungefähr zehn Zentimeter groß und lebt in Südamerika. Es ist der Desmodus rotundus, die Vampirfledermaus. Dieses Tierchen ernährt sich vom Blut größerer Tiere, zum Beispiel von Kühen und Pferden. Mit ihren kleinen scharfen Zähnen beißt die Vampirfledermaus ihr Opfer und leckt dann sein Blut auf. Sie braucht sehr wenig Blut, und weder Kuh noch Pferd merken überhaupt etwas davon. Die wirkliche Gefahr liegt darin, dass diese Vampire Krankheiten wie zum Beispiel Tollwut übertragen können.

Eigentlich hat diese Fledermaus nichts mit den Vampiren aus Büchern zu tun, und sie bekam ihren Namen nur, weil sie das Blut lebender Tiere trinkt.

Ein neuer Vampirstar

Man kann sich fragen, warum Menschen schon so lange von Vampiren fasziniert sind. Eigentlich sind Vampire lebende Leichen mit einem nach Blut stinkenden Atem und unangenehmen Gewohnheiten. Sie versuchen, dich zu beißen, und wollen dir das Blut aussaugen. Es sind keine Typen, die du zu deinem Geburtstag einladen würdest. Trotzdem sind sie heute noch genauso populär wie vor hundertzwanzig Jahren. Ein neuer Stern ist am Vampirhimmel aufgegangen, der vor allem in Amerika fast so beliebt ist wie Dracula. Sein Name ist Lestat, und dieser Vampir wird sogar ein berühmter Rockstar. Seine Erlebnisse werden in den Büchern für Erwachsene der amerikanischen Autorin Ann Rice beschrieben. *Gespräch mit einem Vampir* ist der erste Teil, der 1994 mit Tom Cruise und Brad Pitt von Neil Jordan erfolgreich verfilmt wurde. In ihm erzählt der Vampir Lestat einem Journalisten seine Lebensgeschichte. Danach folgen weitere Bände (in den USA sind es bis jetzt insgesamt elf – in 2016 erschien *Prince Lestat and the Realms of Atlantis*), in denen der Vampir Lestat alle Jahrhunderte durchreist und sogar bis ins alte Ägypten zurückgeht, um seine Wurzeln zu erforschen. Diese Bücher sind keine leichte Kost, aber Gruselfans, die sich darüber hermachen wollen, werden genussvoll ihre Zähne hineinversenken.

Heutzutage wetteifert eine neue Vampir- und Vampirjäger-Generation mit Dracula und Lestat um die Gunst der Zuschauer. Entstanden sind mittlerweile erfolgreiche Filme und TV-Serien wie z.B. *Buffy – Im Bann der Dämonen* (1997–2003), *So finster die Nacht* (2008), *Die Twilight Saga* (2008–12), *True Blood* (2008–14), *Durst* (2009) und *Vampire Diaries* (2009–2017). Die meisten basieren lose auf Vampirromanvorlagen.

Einsam und furchterregend

Vielleicht bleiben Vampire deshalb so spannend, weil sie etwas besitzen, was wir nicht haben: das ewige Leben. Doch vermutlich gibt es niemanden, der sich freiwillig von einem Vampir beißen lässt, um selbst einer zu werden. Es ist keine angenehme Aussicht, über die Jahrhunderte weiterzuleben, wobei man regelmäßig ein paar Liter Blut trinken muss, um bei Kräften zu bleiben. Außerdem muss sich ein Vampir immer versteckt halten, denn er wird gejagt. Manchmal hat ein Vampir sein ewiges, düsteres Leben daher auch leid.

Auf eine gewisse Art ist ein Vampir also eine einsame Gestalt, die ruhelos durch die Jahrhunderte irrt. Einsam und erschreckend ist ein Vampir und vielleicht deshalb so interessant.

Wer würde mit ihm tauschen wollen?

3
Werwölfe

Es ist eine helle Nacht, und der Vollmond steht hoch am Himmel. Plötzlich wird die Stille durch ein Geheul unterbrochen, das einem das Blut in den Adern stocken lässt. Ein Geheul, das nicht von menschlichen Wesen stammen kann. Sei nun nicht eigensinnig, spiel nicht den Tapferen, denke nicht: Na, ich werde mal schauen, was da los ist. Geh nach Hause, mach Türen und Fenster zu, und kriech in dein Bett. Wenn du das nicht tust, besteht die Gefahr, dass man dich am nächsten Morgen in irgendeinem Park findet, vielleicht auch noch zerstückelt. Ein Werwolf hat zugeschlagen. Der Werwolf ist ein wichtiges Mitglied der Gruselfamilie. Vor Hunderten von Jahren schon haben Menschen gezittert, wenn Vollmond war und sie in der Ferne das Geheul eines Wolfes hörten. Sie wussten: Heute Nacht sollten sie besser im Haus bleiben, denn ein Werwolf war unterwegs. Werwolfgeschichten gibt es überall auf der Welt, vor allem in Ländern, in denen Wölfe gelebt haben. Die Menschen hatten immer Angst vor Wölfen, und vermutlich sind die Geschichten über Werwölfe aus dieser Angst heraus entstanden. Oft werden Werwölfe benutzt, um ungehorsamen Kindern Angst zu machen: »Geh heute Abend nicht raus, sonst packt dich ein Werwolf.«

Was ist ein Werwolf?

Ein Werwolf ist kein Wolf, der sich fragt, *wer* er wohl ist, sondern jemand, der sich einmal im Monat, bei Vollmond, in einen Wolf verwandelt, meist ohne dass er selbst etwas dagegen tun könnte. An allen anderen Tagen ist er ein normaler Mensch, der tagsüber vielleicht bei einer Bank arbeitet, möglicherweise in Dresden oder Berlin oder Hameln. Doch nachts, bei Vollmond, verwandelt sich der auf den ersten Blick so feine Herr in ein blutrünstiges Ungeheuer, das sich auf die Suche nach menschlichen oder tierischen Opfern macht. Niemand ist vor ihm sicher. Sowohl Männer als auch Frauen können Werwölfe werden, auch wenn Frauen in den Werwolfgeschichten seltener vorkommen.

Wie sieht er aus?

Werwolf bedeutet Wolfsmensch. »Wer« bedeutet im Althochdeutschen und auch im Altenglischen »Mann« oder »Mensch«. Ein Werwolf ist deutlich größer als ein Wolf und sieht auch viel wilder aus. Nur seine Augen bleiben, alten Geschichten zufolge, ganz menschlich, obwohl sie im Mondlicht gelb aussehen.

Verwandlung

Die Verwandlung ist das wichtigste Kennzeichen des Werwolfs, und es lohnt sich, die Sache einmal aus der Nähe zu betrachten.

Es ist eine helle Nacht mit einem schönen vollen Mond. Genau die richtige Zeit für Werwölfe, um ihre Gestalt zu verändern.

Da steht er, der ordentliche Bankangestellte, allein in einem dunklen Park. Er hat schon seit einigen Nächten eine gewisse Unruhe empfunden, weil der Mond fast voll war. Er hat gefühlt, dass der Wolf in ihm zum Vorschein kommen wollte. Es juckt ihn, und er kratzt sich schon seit Tagen. Diese Nacht ist es endlich soweit. Sobald der Mond aufging, konnte er sich nicht länger zurückhalten. Es war, als rufe ihn der Vollmond. Wie ein Verrückter ist er zum Park gerannt, zu einer Stelle, wo ihn niemand sieht, und da steht er nun und wartet auf das, was geschehen wird. Er hat den Kopf erhoben und betrachtet den Mond. Und dann geht

es los. Seine Kleider reißen auf. Aus den zerrissenen Är-
meln ragen behaarte Arme. Seine Hände verwandeln sich
in Klauen. Seine Füße platzen aus den Schuhen und werden zu Wolfspfoten mit langen Krallen. Aus seiner Kehle
kommt ein wildes Knurren, kein menschlicher Laut mehr,
sondern tierisches Geheul, denn die Verwandlung vollzieht
sich nicht ohne Schmerzen. Seine Nase wird länger und
streckt sich zu einer Wolfsschnauze, und er bekommt spitze
haarige Ohren. Reste seiner Kleidung beengen ihn, und wie
rasend reißt er sie sich vom Leib. Wo vorhin noch der Bankangestellte stand, steht jetzt ein Wolf auf seinen vier Pfoten.
Erneut hebt er den Kopf zum Mond, und ein schrecklicher
Schrei des Triumphs, der einem das Blut in den Adern stocken lässt, hallt durch die Nacht, ein Schrei der Befreiung.
Der Werwolf ist los! Er ist von seiner menschlichen Gestalt
befreit. In der Nacht zieht er aus, um ein Blutbad anzurich-
ten. Wer einem Werwolf begegnet, ist rettungslos verloren.
Der Werwolf tobt in blinder Raserei. Er denkt nicht mehr
wie ein Mensch. Er hasst Menschen und will sie alle in Stücke reißen.

Wenn der Mond verblasst, bekommt der Werwolf wieder
seine menschliche Gestalt. Am nächsten Morgen weiß er
nicht mehr, welche Untaten er begangen hat. Erstaunt fragt
er sich, wo seine Kleidung geblieben ist, wenn erzitternd
und nackt vor der Tür der Bank aufwacht, in der er arbeitet.
Diese Art der Verwandlung ist die bekannteste, jedenfalls
diejenige, die in modernen Werwolfgeschichten und -filmen

am häufigsten vorkommt, zum Beispiel in dem gruseligen und witzigen Film *American Werewolf* (1981).

Vollmond

In den meisten Geschichten kann jemand nur einmal im Monat zum Werwolf werden, nämlich bei Vollmond. Vielleicht hat dieser Glaube mit der Krankheit zu tun, die man Mondsucht nennt. Das ist eine Art Nervenkrankheit, unter der manche Menschen unter Einfluss des Mondes leiden. Sie bekommen Krämpfe, fangen an zu schlafwandeln und leiden manchmal unter Anfällen von Wahnsinn.

Mordlust

Das Beängstigende an einem Werwolf ist seine Wut. Es ist eine wahnsinnige Wut, die sich vor allem gegen Menschen richtet. Vielleicht ist er in Wirklichkeit ein sanftmütiger Mensch, doch als Werwolf wird er zu einem mordlustigen Tier. Im Allgemeinen ist der Werwolf unglücklich über sein Schicksal, an dem er selbst nichts ändern kann.

Handlanger von Vampiren

Werwölfe werden oft als Handlanger der Vampire betrachtet. Man glaubt, dass diese beiden Gruselbrüder miteinander in

Beziehung stehen. Trotzdem gibt es einen wichtigen Unterschied zwischen ihnen. Vampire sind Untote, sie sind lebende Leichname. Ein Werwolf hingegen lebt, und die meiste Zeit ist er ein ganz normaler Mensch. In alten Geschichten sind Vampire oft imstande, die Gestalt eines Wolfs anzunehmen. In Griechenland und in Frankreich glaubte man, dass ein Werwolf nach seinem Tod zum Vampir werden würde.

Woran erkennst du einen Werwolf?

Weil ein Werwolf tagsüber ein normaler Mensch ist, ist er schwer zu erkennen. Außer wenn du weißt, worauf du achten musst. Im sechzehnten Jahrhundert glaubte man fest an Werwölfe und war davon überzeugt, dass es sie überall gebe. Damals wurden die Geschichten aus der »anderen Wirklichkeit« als Wirklichkeit betrachtet.

Wer »anders« aussieht

In Ländern wie Portugal, Frankreich und Griechenland glaubte man, einen Werwolf an der Form und der Farbe seiner Augen zu erkennen. Menschen mit hellen Augen konnten Werwölfe sein, aber auch welche mit sehr dunklen Augen. Rote Haare waren verdächtig, ebenso schneeweiße Haare und zusammengewachsene Augenbrauen. Hatte jemand gleich lange Zeige- und Mittelfinger, so wurde er mit Misstrauen betrachtet. Oder wenn der

Mittelfinger besonders lang war. Verdächtig waren auch lange krumme Nägel, hervorstehende Zähne, eingefallene Augen, ein mageres blasses Gesicht und Ohren, die oben etwas spitzer zuliefen oder tiefer saßen als bei den meisten Menschen.

Und natürlich wurde man sehr leicht verdächtigt, wenn man einen üppigen Haarwuchs hatte, vor allem an Händen und Füßen. Im sechzehnten Jahrhundert wurde jeder, der auf eine bestimmte Art anders aussah, als möglicher Werwolf betrachtet. Besonders verdächtig waren Menschen mit körperlichen Behinderungen, zum Beispiel einem Buckel oder einer Hasenscharte. (Wenn du dir diese Regeln merkst und dich gut umschaust, wirst du feststellen, dass es auf der Straße nur so von Werwölfen wimmelt.) Diese Vorurteile stammten hauptsächlich aus der Angst vor allem, was anders ist. Dieselbe dumme Angst, die in unserer Zeit an Rassismus und Fremdenhass die Schuld trägt. Manchmal sieht es so aus, als wären wir wieder im sechzehnten Jahrhundert gelandet.

Damals wurden vor allem in Frankreich viele Menschen, die man für Werwölfe hielt, auf dem Scheiterhaufen verbrannt, so wie auch Tausende von Menschen als Hexen verbrannt wurden (siehe Kapitel 6).

Die »Milchmann-Methode«

In der »anderen Wirklichkeit« der Gruselkunst gibt es nur eine gute Methode, einen Werwolf zu erkennen, wenn er

seine normale Menschengestalt hat. Wenn du einen Werwolf verletzt, zum Beispiel am Auge, und der Milchmann erscheint am nächsten Morgen mit einer Augenbinde, könnte es gut sein, dass er der Werwolf ist. Merke dir also die »Milchmann-Methode«.

Wie wird jemand zu einem Werwolf?

Der Biss eines Werwolfs

Der Biss eines Werwolfs reicht aus, um jemanden in einen Werwolf zu verwandeln. Das ist die Vampir-Methode. Doch es gibt einen Unterschied. Der Vampir beißt sein Opfer mehrmals und saugt ihm das Blut aus, bis es gestorben ist. Erst dann wird es ebenfalls zu einem echten Vampir. Der Werwolf ist kein Blutsauger. Jemand, der von einem Werwolf gebissen wird, verwandelt sich ebenfalls in einen – aber nur, wenn er den Biss überlebt.

Pakt mit dem Teufel

Alten Berichten zufolge wurden Menschen dadurch zu Werwölfen, dass sie einen Pakt mit dem Teufel schlossen. Oft waren es Hexen, die versprochen hatten, den Teufel zu verehren und ihm zu gehorchen. Dafür bekamen sie die Macht, sich selbst in einen Wolf zu verwandeln. Sie wurden also freiwillig zu Werwölfen.
Hexen und Zauberer waren oft auch imstande, andere Menschen in Werwölfe zu verzaubern.

Wolfsfell

Es gab auch Menschen, die freiwillig zu Werwölfen wurden, indem sie ein Wolfsfell anzogen. Das Fell hatten sie vom Teufel bekommen, im Tausch gegen ihre Seele. Diese Menschen genossen es, als wilder Wolf herumzurennen und

andere zu zerreißen. Das Wolfsfell bewahrten sie in einem
hohlen Baumstamm versteckt auf,
und bei Vollmond holten sie es heraus. Wenn sie es überzogen, wurden
sie zu Wölfen.

Manche Menschen wurden auch vom
Teufel oder von anderen Werwölfen
gezwungen, ein Werwolfsfell anzu-
ziehen und so zu einem Werwolf zu
werden und Untaten zu begehen. Der
Teufel muss einen endlosen Vorrat an
Werwolfsfellen in seinem Kleider-
schrank gehabt haben!

Zaubersalbe

In Frankreich, Deutschland und Skandinavien glaubte man,
dass Menschen sich in Werwölfe verwandelten, wenn sie sich
mit Zaubersalbe einrieben. Die Salbe bestand aus dem Fett
einer toten Katze, Fledermausblut, Anissamen und Opium.
Manchmal wurde auch Kinderblut verwendet – *muhaha*.

Ein Gürtel aus Menschenhaut

Ein Gürtel, der aus Menschenhaut gemacht war, am besten
aus der Haut eines Mörders, funktionierte auch, ebenso ein
Gürtel aus Wolfshaaren oder ein Hemd aus Wolfshaut. Wenn
jemand den Gürtel umschnallte oder das Hemd anzog und
zugleich einen geheimen Zauberspruch sagte, verwandelte

er sich in einen Werwolf. Auch diese Verwandlung geschah meistens freiwillig.

Essen und trinken

Manchmal reichte es, aus der Fußspur eines Wolfes Wasser zu trinken oder das Gehirn eines Wolfes zu essen, entweder gezwungenermaßen oder freiwillig, um ein Werwolf zu werden.

Erblicher Fluch

Wenn ein Werwolf Kinder hatte, war die Chance groß, dass eines von ihnen später ebenfalls ein Werwolf werden würde. Dann ruhte ein Fluch auf der Familie, der vom Vater auf das Kind weitergegeben wurde. Dieser Fluch verlor seine Wirkung, sobald der Werwolf getötet wurde.

Lykanthropie

Manchmal werden Werwölfe Lykanthropen genannt, aber in Wirklichkeit ist ein Lykanthrop jemand, der nur glaubt, er sei ein Wolf. Er läuft auf allen vieren herum und knurrt und schnaubt, als sei er ein Wolf. In dem Hörbuch *Hilfe! Ich bin ein Werwolf* von Gunnel Linde glaubt ein elfjähriger Junge, er sei ein Werwolf geworden, nachdem ihn ein seltsamer alter Mann gebissen hat. Bei Vollmond fängt er an, sich wie ein Wolf zu benehmen, aber er verwandelt sich nicht in einen Wolf.

Wie tötet man einen Werwolf, oder wie befreit man ihn?

Silberkugel

Ein Werwolf kann mit einer silbernen Kugel erschossen werden, die am besten noch von einem Priester geweiht ist. Das ist die häufigste Methode, und sie ist immer erfolgreich, wenn man es richtig anstellt. Sobald der Werwolf tot ist, bekommt er seine Menschengestalt zurück, leider ist der Mensch dann aber auch tot.

Einigen Geschichten zufolge haben Werwölfe vor allem Angst, was aus Silber ist. Wenn du also nachts unterwegs bist, trage immer eine Silbermünze oder einen silbernen Löffel bei dir. Man weiß nie, wofür es gut ist.

Die Silberkugel wird in den meisten modernen Werwolfgeschichten und -filmen als einziges Mittel betrachtet, einen Werwolf zu töten. In *Der Werwolf von Tarker Mills*, einem amerikanischen Film, der 1985 nach einer Kurzgeschichte von Stephen King (ein amerikanischer Autor von Gruselromanen und einer der erfolgreichsten Autoren der Gegenwart, dessen Bücher weltweit bisher über 400 Millionen Mal und in über 50 Sprachen verkauft wurden) entstand, tötet ein behinderter Junge den Werwolf mit einer Silberkugel.

In alten Geschichten tauchen noch viele andere Arten auf, einen Werwolf unschädlich zu machen, ohne ihn zu töten.

Feuer

Ein Werwolf, der ein Wolfsfell benutzt, braucht nicht unbedingt getötet zu werden. Es reicht, sein Wolfsfell in Brand zu stecken. Man muss dann natürlich erst den hohlen Baumstamm finden, in dem er das Fell versteckt hat.

Während es verbrennt, leidet der Eigentümer schreckliche Schmerzen, auch wenn er kilometerweit entfernt ist. Doch wenn von dem Fell nur noch ein Häufchen Asche übrig ist, ist der Mensch befreit und wird nie mehr zum Werwolf werden. Er wird dir ewig dankbar sein, außer wenn er freiwillig Werwolf geworden ist. Dann hat er einfach Pech gehabt.

Taschentuch ins Maul

Wenn du einem Werwolf begegnest und zufällig keine silberne Kugel oder keinen silbernen Löffel in der Tasche hast, kannst du ihm immer noch ein Taschentuch oder ein Hemd ins Maul stopfen. Während er den Stoff zwischen seinen Zähnen herauspult, hast du genügend Zeit, ihm zu entkommen. Wenn es das Kleidungsstück eines unschuldigen Kindes ist, das der Werwolf auffrisst, dann ist er sogar erlöst.

Seinen Namen rufen

Manche Geschichten berichten davon, dass es schon reichte, einen Werwolf bei seinem Menschennamen zu rufen. Das funktionierte dann wie ein Zauberspruch, und der Werwolf bekam sofort seine menschliche Gestalt wieder.

Natürlich musste man dafür erst herausfinden, wer er in Wirklichkeit war, indem man zum Beispiel die »Milchmann-Methode« anwendete.

Blut abzapfen

Manchmal musste man dem Werwolf auch nur drei Tropfen Blut abzapfen, wenn er seine menschliche Gestalt besaß. Auch in diesem Fall war erst die »Milchmann-Methode« nötig, um herauszufinden, wer er überhaupt war.

Freundlich zureden

In Dänemark konnte man einen Werwolf heilen, indem man ihm liebevoll und verständnisvoll zuredete, ungefähr so, wie man einem Hund zuredet. Weil aber die meisten Werwölfe dir direkt an den Hals springen, bevor du ein Wort gesagt hast, ist es zweifellos vernünftiger, ihm von einem hohen Baum aus freundlich zuzureden.

Woher stammt der Glaube an Werwölfe?

Menschen in Tierfellen

Die ersten Geschichten über Werwölfe entstanden in Griechenland. Alte griechische Erzählungen berichten von Arkadien, einem Landstrich, in dem es viele Wölfe gab und wo die älteste Werwolfgeschichte herstammt. In anderen Ländern gab es auch Geschichten von Menschen, die sich verwandeln konnten, aber sie wurden meistens keine Werwölfe, sondern andere Tiere.

In Indien glaubte man an Wertiger. In Russland war man der Meinung, es gebe außer Werwölfen auch Werbären, und in Afrika wurden Geschichten über Werkrokodile und Werpanther erzählt.

In unserem Jahrhundert gab es in Afrika noch die geheimnisvolle Sekte der Leopardenmänner, Menschen, die sich Leopardenfelle überzogen und glaubten, sie besäßen dadurch die Kraft und den Geist von Leoparden.

Von alters her haben sich Menschen in Tierfelle gehüllt, als Schutz gegen Kälte, aber auch, um Feinde abzuschrecken, indem sie sich wie ein Wolf, ein Leopard oder ein anderes Tier gebärdeten. Ein bekanntes Beispiel sind die Berserker aus alten norwegischen Geschichten. Sie waren Kämpfer, die sich in Bärenfelle hüllten und plündernd und raubend herumzogen. Sie brüllten wie Bären, und oft stand ihnen Schaum vor dem Mund, sodass ihre Opfer dachten, sie würden tatsächlich von tollwütigen Bären angefallen. Vermutlich hat der Glaube an Werwölfe außer mit der Angst vor Wölfen auch mit dieser Art Verkleidung zu tun.

Der Werwolf erobert die Welt

Europäische Händler verbreiteten die Werwolferzählungen über die ganze Welt. In anderen Ländern wurden die

Geschichten übernommen, oder es entstanden neue, die besser zu der Kultur des Landes passten. So hat sich der Werwolf allmählich die ganze Welt erobert.

Die älteste Werwolfgeschichte

Der Glaube an Werwölfe ist noch viel älter als der Glaube an Vampire. Die älteste Erzählung stammt aus den griechischen Götter- und Heldensagen, die weit vor unserer Zeitrechnung entstanden sind.

Die Ur-Werwolfgeschichte handelt von einem König Lykaon, einem Tyrannen, der schlecht für sein Volk sorgte und sich selbst vollfraß, bis er aussah wie ein Schwein. Zeus, der oberste Gott der Griechen, konnte es nicht mehr länger mit ansehen. Er verkleidete sich als Mensch und ließ sich vom Himmel auf die Erde herab, um Lykaon zu strafen. Auf der Erde sagte er, wer er war. Doch der schlechte König glaubte ihm nicht und lachte Zeus aus, weil er wie ein normaler Mensch aussah. »Wenn du ein Gott bist, bin ich der König der Wölfe«, sagte er. Um zu prüfen, ob Zeus wirklich ein Gott sei, kochte Lykaon eine Mahlzeit für ihn. Darin verarbeitete er den Leichnam eines Kindes, das er selbst ermordet hatte. Als Zeus dies entdeckte, wurde er so wütend, dass er Lykaon zur Strafe in einen Wolf verwandelte. So wurde Lykaon zum Urvater aller Werwölfe.

Wie ist eine Werwolfgeschichte aufgebaut?

Die meisten Werwolfgeschichten sind einfach konstruiert. Geheimnisvolle Morde passieren. Menschen und Tiere mit aufgerissenen Körpern werden gefunden. Die Polizei soll den Schuldigen herausfinden. Inspektor van Loon fragt sich verzweifelt, wer diese Greueltaten begangen hat. Zusammen mit seinem Gehilfen Didden beginnt er mit den Nachforschungen, doch ohne Ergebnis. Im nächsten Monat werden neue, gleichartige Morde gemeldet. Das Dorf lebt in Angst. Kinder dürfen nicht mehr allein auf die Straße. Sie müssen im Haus sein, bevor es dunkel wird.

Nach einer dritten Mordserie stellt Inspektor van Loon einen Zusammenhang fest. Die Morde finden immer bei Vollmond statt. In der nächsten Vollmondnacht versteckt sich van Loon bewaffnet in einem Auto. Zufällig kann sein Gehilfe Didden an diesem Abend nicht bei ihm sein, seine Mutter ist plötzlich ins Krankenhaus gekommen. Inspektor van Loon steht der Sache allein gegenüber, doch er gibt nicht auf. Und tatsächlich, um Mitternacht sieht er einen Wolf durch die stillen Straßen schleichen. Van Loon zögert nicht. Er legt an und schießt. Leider trifft er den Wolf nur an der rechten Vorderpfote, und das Tier rennt heulend auf und davon.

Am nächsten Morgen erzählt van Loon seine Erlebnisse Didden, der wieder bei der Arbeit erschienen ist, allerdings mit einem dicken Verband um die rechte Hand …

Aus diesem Aufbau ergibt sich sofort, dass die »Milchmann-Methode« immer funktioniert.

Wer dieses Beispiel gelesen hat, denkt vielleicht: Oh, ich kann mir aber viel originellere Werwolfgeschichten ausdenken. Zögere nicht und fang sofort damit an. Werwolfgeschichten können gut ein bisschen neues Blut brauchen!

Werwolflegenden

In Büchern mit alten Sagen und Legenden begegnet man ganz anderen Werwolfgeschichten als in modernen Büchern oder Filmen. In den alten Erzählungen fallen die Werwölfe oft gar keine Menschen an, sondern sie hecken nur seltsame Streiche aus.

In einer Geschichte sitzt ein Werwolf nachts auf der Schwelle eines Hauses, bis drinnen alle schlafen. Dann bricht er ein und stiehlt Lebensmittel aus dem Haus. Dieser Werwolf ist also nur ein stinknormaler Dieb.

In anderen Geschichten springen Werwölfe den Menschen nachts auf den Rücken und lassen sich ein paar Kilometer weit tragen. Danach verschwinden sie wieder. Oft fallen sie denselben Personen mehrmals zur Last, aber nur, um auf ihren Rücken zu reiten. Ansonsten richten sie nichts Böses an. Warum sie das tun, ist nicht bekannt.

Es gibt eine sehr alte Werwolfgeschichte, in der sich ein Werwolf mitten in der Nacht den Menschen zeigte und eine seltsame Vorstellung lieferte. Er tanzte, lief auf den Vorderpfoten, schlug Rad und führte sich auf wie in einem Zirkus. Als die Vorstellung vorbei war, rannte er auf und davon.

Manchmal trat ein Werwolf als Retter auf, wenn Menschen von Strauchdieben überfallen wurden. Vielleicht hoffte er, durch eine gute Tat von seinem Fluch erlöst zu werden.

Es gab sogar Werwölfe mit einem seltsamen Sinn für Humor. Einer kurzen Geschichte zufolge hielt sich ein Werwolf in einem Fluss versteckt und lauerte abends Vorübergehenden auf. Sobald sie in der Nähe waren, kam er aus dem Wasser, schüttelte sein Fell aus und spritzte sie nass. Dann lief er lachend davon.

Kinderwerwolf

Eine einfache Erklärung für Werwolfgeschichten ist, dass sie das Böse zeigen, das in jedem Menschen verborgen ist. Werwölfe machen die Dummheiten, die wohlerzogene Menschen nicht tun dürfen.

Eigentlich würde wohl jeder gern mal ein Werwolf sein und wie ein Tier herumtoben.

Es gibt ein schönes Bilderbuch von Maurice Sendak, in dem das genau dargestellt wird: *Wo die wilden Kerle wohnen*. In diesem Buch zieht der kleine Max immer ein Wolfsfell an, wenn er böse Streiche macht. Eigentlich tut er dasselbe wie die alten Werwölfe, die ihr Wolfsfell aus einem hohlen Baumstamm holen und anziehen, um ein Werwolf zu werden und böse Streiche auszuhecken. Max ist nicht der einzige Kinderwerwolf in der Kinderbuchwelt. So schreibt zum Beispiel auch Cornelia Funke in ihrem Buch *Kleiner Werwolf* über einen Jungen, der von einem mysteriösen Hund gebissen wird.

Hartnäckigkeit

Alles in allem ist der Werwolf sehr hartnäckig. Obwohl er schon seit Jahrhunderten vernichtet wird, taucht er immer wieder in Büchern und Filmen auf. Genau wie die Vampire ist er nicht kaputtzukriegen. In jedem von uns ist ein bisschen von ihm. Sei also auf der Hut, wenn es wieder Vollmond wird …

4
Geister

Vermutlich hat die Kunst des Gruselns mit Geistergeschichten angefangen. Die ältesten Gruselgeschichten
handeln von Geistern, Erscheinungen aus dem Totenreich,
die sich den Lebenden zeigen. Ein Geist ist ein körperloses
Wesen, das heißt, dass er nicht aus Fleisch und Blut ist. Er
kann durch Mauern gehen, und er kann dich nicht anfassen.
Also kein Grund, Angst zu haben, sagst du nun vielleicht.
Trotzdem bekommen die meisten Menschen, wenn sie den
Geist eines Onkels treffen, der schon seit zehn Jahren tot ist,
eine Gänsehaut oder einen Schlaganfall. Wenn jemand sehr
erschrickt, sagt man auch: »Der sieht aus, als hätte er ein Gespenst gesehen.«
Gespenst ist eine andere Bezeichnung für einen Geist; man
spricht auch von Spuk. Aber all das ist nicht genau dasselbe.
Wenn es irgendwo spukt, muss nicht unbedingt ein Gespenst
dahinterstecken. Ein Gespenst ist der Geist eines Menschen,
der gestorben ist, aber trotzdem Gestalt annehmen kann.
Hinter einem Spuk kann jedoch auch etwas anderes stecken:
eine unsichtbare Kraft, zum Beispiel ein Poltergeist. Viele

Geistergeschichten, Gespenstergeschichten oder Spukge-
schichten gehören zur »anderen Wirklichkeit«, doch es gibt
auch uralte Geschichten von
Menschen, die wirklich Geister
gesehen oder gehört haben ...

Gespenster

Gespenster sind Geister verstorbener Menschen, die noch
immer auf der Erde herumirren. Sie sehen genauso aus wie
der Verstorbene, nur kann man sie nicht festhalten. Sie sind
leichenblass und oft sogar durchsichtig. Manchmal sind es
Menschen, die auf tragische Art ums Leben gekommen
sind, zum Beispiel durch einen Mord oder durch ein Unglück. Diese Geister kommen immer wieder zu dem Ort zurück, an dem sie gestorben sind. Vielleicht, weil sie keinen
Frieden mit ihrem Schicksal gefunden haben. Es gibt auch
Gespenster, die selbst einmal Greueltaten begangen haben:
Mörder, Raubritter oder andere Übeltäter. Diese Menschen
finden nach ihrem Tod keine Ruhe und kehren als Geist immer wieder zu dem Ort zurück, an dem sie das Verbrechen
begangen haben.
Spukerscheinungen werden meist von einem eiskalten Luft-
zug begleitet.

Wie sehen Gespenster aus?

Durchsichtige Gestalten

Gespenster oder Spukgestalten sehen noch immer so aus wie zu ihren Lebzeiten. Das heißt also, wie normale Menschen mit allem Drum und Dran. Sie tragen Kleidung, Schuhe und Hüte aus der Zeit, in der sie gelebt haben, aber natürlich sind sie ein bisschen durchscheinend, weil sie Geister geworden sind.

Ritter und Jungfrauen

In alten Schlössern spuken vor allem Ritter, mit Rüstung und allem. Auch Jungfrauen mit rauschenden Gewändern trifft man. In alten Abteien hingegen erscheinen Mönche mit großen Kappen auf dem Kopf.

Geister ohne Kopf

Noch unheimlicher ist es, wenn du den Geist eines Menschen triffst, der auf eine schreckliche Art ums Leben gekommen ist. Geister enthaupteter Menschen wandern mit einem blutenden Loch herum, da, wo ihr Kopf gesessen hat. Den tragen sie unter dem Arm. Die Geister von Erhängten zeigen sich oft mit dem Strick, wobei ihr Kopf schief auf dem Hals sitzt. Es gibt Geister, die aussehen wie schwarzverkohlte Leichen,

Geister mit gespaltenen Schädeln und Geister mit Schwertern im Körper. Wenn du die siehst, weißt du sofort, auf welche Art sie ums Leben gekommen sind.

In Ketten

Geister von Übeltätern müssen oft für eine Greueltat büßen und irren ewig in schweren Ketten herum, wobei sie klagende Laute von sich geben.

Halbe oder unsichtbare Geister

Es kommt vor, dass Geister nur zur Hälfte erscheinen oder in Teilen, zum Beispiel ein schwebender Oberkörper, ein Kopf, ein schleppender Fuß. Warum sie sich so zeigen, ist ein Rätsel. Und einige Geister lassen sich sogar nie sehen. Sie machen nur Geräusche: Schritte, Stimmen, Geflüster. Vielleicht sind sie einfach schüchtern.

Knochen

Zuweilen bestehen Geister nur noch aus Knochen. Sie haben ihre menschliche Gestalt verloren und erscheinen als Gerippe. Du erkennst sie sehr leicht an dem Geklapper ihrer Knochen.

Ein Laken mit Löchern

Jeder kennt wohl das Gespenst, das aussieht wie ein Laken mit zwei Löchern als Augen. Dieses Gespenst kommt vor

allem in Märchen vor, in Geschichten
für Kinder und in Büchern mit Gruselgeschichten. Genau wie die Eckzähne
das Symbol der Vampire sind, ist das
Laken das Symbol der Gespenster. In
Wirklichkeit ist es sehr unwahrscheinlich, dass ein Gespenst sich als Laken
zeigt, es sei denn, es handelt sich um
den Geist eines Menschen, der in einem Wäschekorb unter einem Laken
erstickt ist.

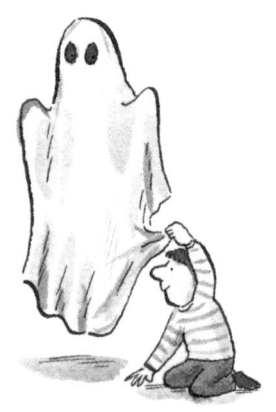

Feuergeister

In alten Geschichten gibt es Feuermänner – Gespenster, die
aus Flammen bestehen. Diese Geister brennen zur Strafe,
zum Beispiel weil sie in ihrem Leben andere Menschen
schlecht behandelt haben. Sie sind unfreundlich und kommen mit rasender Geschwindigkeit auf dich zu, wenn du so
dumm bist, sie zu rufen. Wenn es dir gelingt, ihnen die Tür
vor der Nase zuzuschlagen, findest du am nächsten Morgen den kohlschwarzen Abdruck einer Hand auf deiner Tür.
Wenn du einen Feuermann um Feuer bittest, erlöst du ihn.
Dabei gibt es nur einen Nachteil: Du nimmst dadurch den
Fluch auf dich und wirst auf der Stelle selbst zu einem
Feuermann.

Ghule

Sie sind teuflisch-dämonische Fabelwesen aus dem arabischen Kulturkreis, die auf Friedhöfen leben und sich von totem Fleisch ernähren. Ghule tauchen zum Beispiel in den Märchen *Tausend und eine Nacht* und in den *Chroniken von Narnia* von C. S. Lewis auf.

In jüngster Zeit beschreibt das Wort »Ghul« untote Monster, die ihr Unwesen treiben und einen Hang zur Boshaftigkeit haben.

Geistertiere

Es gibt sie in zahllosen Gestalten, zum Beispiel Geisterkatzen, Geisterhunde oder Geisterhasen. Manchmal handelt es sich bei den Spuktieren um die toten Haustiere von Menschen, die selbst zum Spuk geworden sind. In Nordengland irrten nachts schwarze Geisterhunde herum, die so groß sein

konnten wie ein Kalb. Man glaubte, dass die Hunde den Tod eines Menschen ankündigten. Ein sehr geheimnisvolles Spuktier – oder ist es wirklich? – spielt in dem Buch *Der Hund von Baskerville* von Arthur Conan Doyle eine Rolle.

Spukende Gegenstände und Fahrzeuge

Es gibt auch Geschichten über spukende Gegenstände. Sie haben auf irgendeine Art mit einem Ereignis in der Vergangenheit zu tun. Sie können einem Mörder oder einem Ermordeten gehört haben, wie zum Beispiel ein Fahrzeug, in dem Menschen umgekommen sind, oder die Glocken von verwüsteten Kirchen.

Stühle erscheinen zu bestimmten Zeiten plötzlich aus dem Nichts. Es gibt spukende Uhren, die geheimnisvoll schlagen, Gespensterzüge, Gespensterkutschen, die von schwarzen Pferden mit flammenden Augen gezogen werden, und Spukautos.

Geisterschiffe

Auch auf dem Meer kann es spuken. Sowohl buchstäblich als auch im übertragenen Sinne. Seeleute erzählen Geschichten von Geisterschiffen, die in stürmischen Nächten aus den Tiefen des Ozeans auftauchen. In dem Film *Der Nebel des Grauens* (1980) erscheint ein Schiff, das vor hundert Jahren untergegangen ist, an der Küste in der Nähe eines kleinen Dorfes. Die Geister von diesem Schiff kommen, um sich für etwas zu rächen, was vor hundert Jahren passiert ist.

Ein bekanntes Geisterschiff ist der Fliegende Holländer. Es wird erzählt, dass diejenigen, die es beim Auftauchen betrachteten, blind wurden oder starben.

Bilder aus der Vergangenheit

Der Engländer Sir Oliver Lodge schrieb 1908 in seinem Buch *Man and the Universe* (*Der Mensch und das Weltall*), dass Geister eine Art Aufnahme aus der Vergangenheit sind. Etwas, das irgendwann einmal passiert ist, wiederholt sich immer wieder, als würde ein Film abgespult. Wenn jemand Geister sieht, blickt er also eigentlich in die Vergangenheit zurück. Retroskopie nennt man das.

Im letzten Harry-Potter-Band, *Harry Potter und die Heiligtümer des Todes*, überlässt Snape Harry seine letzten Gedanken für das »Denkarium«. Harry stößt dadurch auf ein schreckliches Geheimnis und er findet einen Weg, seinen Erzfeind Voldemort zu überwältigen.

Warum erscheinen Geister?

Ein ungelöstes Geheimnis

Geister zeigen sich nie ohne Grund. Manchmal versuchen sie, den Lebenden etwas mitzuteilen. Oft geht es um ein ungelöstes Geheimnis. In Schottland wurde in einem Schloss aus dem sechzehnten Jahrhundert regelmäßig der Geist einer jungen Frau mit einem Säugling auf dem Arm gesehen. Diese Frau wurde, zusammen mit ihrem Kind, in der Vergangenheit vom Schlossherrn ermordet. Als eines Tages Arbeiter eine Platte am Kamin entfernten, lagen dahinter die Gerippe einer jungen Frau und eines kleinen Kindes.

Nach solch einer Entdeckung kehren die Geister in den meisten Fällen nicht mehr zurück, vor allem dann nicht, wenn ihre Überreste auf dem Friedhof begraben werden. Dann haben sie endlich Ruhe gefunden.

Sie wissen noch nicht, dass sie tot sind

Es gibt Geister, die erscheinen, weil sie noch nicht wissen, dass sie tot sind. Sie haben es einfach nicht mitbekommen. Deshalb besuchen sie Orte aus ihrem früheren Leben, bis sie dahinterkommen, dass sie tot sind, wie zum Beispiel der Geist aus der folgenden kleinen Geschichte.

Ein bekannter amerikanischer Schriftsteller aus dem neunzehnten Jahrhundert, Nathaniel Hawthorne, ging jeden Tag zum Essen in dasselbe Restaurant. Dort saß immer ein gewisser Doktor Harris neben ihm und las Zeitung. Die beiden Herren kannten sich nicht und sprachen nie miteinander. Als Nathaniel Hawthorne nach einem Urlaub wieder das Restaurant aufsuchte, um zu essen, saß Doktor Harris dort wie immer mit der Zeitung in der Hand. Später an diesem Tag hörte Hawthorne, dass Doktor Harris schon vor Tagen gestorben und begraben worden war. Nach diesem Tag erschien der Geist von Doktor Harris noch ein paarmal, dann aber nie mehr. Vermutlich hatte er erst da begriffen, dass er tot war.

Strafe

Geister von Übeltätern sind oft gezwungen, ewig herumzuirren, ohne Ruhe zu finden. Das ist die Strafe für ihre Tat. Manchmal passiert es, dass ein solcher Geist versucht, seine Sünden wiedergutzumachen, zum Beispiel indem er zeigt, wo ein gestohlener Gegenstand geblieben ist oder wo eine vermisste Leiche gefunden werden kann. Wenn es ihm gelingt, wird ihm manchmal nach Jahrhunderten Vergebung gewährt. Er bekommt die ewige Ruhe und braucht nicht mehr herumzugeistern.

In Charles Dickens' *Weihnachtsgeschichte* erscheint der Geist von Jakob Marley, im Leben ein eiskalter Geschäftsmann, sieben Jahre nach seinem Tod seinem ehemaligen Kompagnon, dem geizigen Scrooge. Marley muss in schweren Ketten

herumirren, um seine Missetaten zu büßen. Er kündigt Scrooge drei weitere Geister an, die ihm zeigen werden, was er in seinem Leben alles falsch gemacht hat. Durch diese Erfahrung wandelt Scrooge sich vom Widerling zu einem liebenswerten Menschen; das Schicksal seines Kompagnons bleibt ihm erspart.

Rache

Ein anderer Grund für die Rückkehr von Geistern ist, dass sie sich an jemandem rächen wollen, der ihnen etwas angetan hat. Oder einfach nur deshalb, weil sie böse sind.

Einen Auftrag ausführen

Manche Geister kommen zurück, weil sie eine Aufgabe beenden oder einen Auftrag ausführen müssen, bevor sie Ruhe finden.

Warnung

Zuweilen zeigen sich Geister, um jemanden vor einem schlimmen Ereignis zu warnen. Zum Beispiel vor einer Katastrophe oder einem tödlichen Unfall.

Wo spukt es?

Geister erscheinen meist in dem Haus, in dem sie gelebt haben oder in dem sie ermordet wurden. Gebäude, in denen

Geister erscheinen, werden Spukhäuser genannt. Oft handelt es sich dabei um Schlösser. Geschichten über Spukhäuser und -schlösser gibt es überall in der Welt, aber das Land mit den meisten Geistern ist zweifellos England.

Dort gibt es viele Schlösser, Landhäuser und andere Gebäude, in denen regelmäßig Geister gesehen werden. Der durchschnittliche Engländer wundert sich nicht, wenn vom Dachboden seines Reihenhauses seltsame Geräusche zu hören sind. Er wird ruhig seinen Tee zu Ende trinken, wenn eine durchsichtige Jungfrau die Treppe herunterkommt, und ihr sogar eine Tasse Tee anbieten. Man sagt, in englischen Häusern seien Geister so normal wie Mäuse. Engländer lieben Geister. Sie sind mit Gespenstergeschichten aufgewachsen und halten sie in Ehren.

Für Liebhaber von Gespenstern gibt es sogar spezielle Reiseführer mit Landkarten, auf denen die bekanntesten Spukhäuser eingetragen sind.

Der Tower von London

Das bekannteste und berühmteste Spukschloss ist der Tower von London, wo die englischen Kronjuwelen aufbewahrt werden. Der Tower ist ein Gebäude mit einer blutigen Vergangenheit. Hier sind viele adlige Personen enthauptet oder ermordet worden, und sie spuken – wie man sagt – noch immer herum.

So erscheint regelmäßig Anne Boleyn, manchmal ohne Kopf. Sie war die zweite Frau von König Heinrich VIII.

Im Jahre 1541 wurde Margaret Pole, die Gräfin von Salis-
bury, von einem Scharfrichter mit dem Beil hingerichtet.
Die Gräfin war vor dem Schafott, wo sie enthauptet werden
sollte, geflohen, und der Scharfrichter konnte ihr den Kopf
erst nach einer wilden Verfolgungsjagd abschlagen. In manchen Nächten kann man ihren Geist über die Wiese rennen
sehen, verfolgt vom Geist des Scharfrichters, mit Beil.
Im sogenannten Bloody Tower spuken zwei kleine Prinzen,
die dort 1483 ermordet worden waren.
In einem anderen Teil des Towers, dem sogenannten Martin
Tower, beobachtete E.L. Swift, ein früherer Bewacher der
englischen Kronjuwelen, schwebende Gegenstände. Er be-
richtete von einem Glasgefäß, das mit einer seltsamen Flüs-
sigkeit gefüllt war und durch den Raum schwebte.
Genauso berühmt wie der Tower sind die Raben, die sich
immer um das Gebäude herum aufhalten. Hier ist eine

Warnung angebracht: Lass die Towerraben in Ruhe! Denn wer einen dieser Vögel tötet, egal ob aus Versehen oder mit Absicht, wird vom Unglück verfolgt werden oder sogar sterben!

Per Bus zu den Gespenstern

Großbritannien hat noch unzählige andere Gespenster, von singenden Spuktroubadouren in Wales bis zu Dudelsack spielenden Gespenstern in Schottland.

In London kannst du eine »Jack the Ripper, Haunted London and Sherlock Holmes Tour« machen. Ein Doppeldeckerbus bringt dich zu verschiedenen Orten, wo Menschen von Jack the Ripper ermordet worden sind und wo es spukt. Wenn du Glück hast, fährt sogar ein Gespenst im Bus mit.

Burg Frankenstein

In Darmstadt steht die Burg Frankenstein. Der Name wurde durch das Monster aus dem Film *Frankenstein* (1931) bekannt, der nach dem Buch aus dem Jahre 1818 der englischen Schriftstellerin Mary Shelley gedreht wurde. In ihrer Jugend hatte Mary Shelley die Burg Frankenstein besucht, und später hat sie den Namen in ihrem Buch über das Monster benutzt. Heutzutage wird auf Burg Frankenstein jedes Jahr zu Allerheiligen (in der Nacht vom 31. Oktober auf den 1. November) ein Fest gefeiert: Halloween. Das Wort Halloween leitet sich ab von All Hallows' Evening (der Abend vor Allerheiligen). Halloween war ursprünglich ein keltisch-angelsächsisches Fest zur Feier des Winteranfangs. Einem alten Aberglauben zufolge wurden in dieser Nacht alle bösen Geister und Ungeheuer aus der Hölle losgelassen und durften frei herumspuken.

Tausende von Gruselfans aus ganz Europa kommen an drei Wochenenden rund um Halloween mit Bussen nach Darmstadt, um dort als Vampire, Hexen und natürlich als Frankensteins Monster ein großes Monsterfest zu feiern. Es werden gruselige Postkarten verkauft und Broschüren mit neuen Abenteuern von Frankensteins Monster, die von einem ortsansässigen Lehrer geschrieben wurden.

Vor langer Zeit geschahen, so heißt es, auch in Wirklichkeit seltsame Dinge auf Burg Frankenstein. Sie war berüchtigt, weil dort früher zwei Monster gelebt haben sollen. Das erste war eine riesige Fledermaus, die das Haustier eines Burgherrn von Frankenstein war und den Menschen aus der Umgebung das Blut aussaugte. Diese Fledermaus wurde getötet, kehrte jedoch nach ihrem Tod als eine Art Vampirgeist zurück und soll sogar in diesem Jahrhundert noch gesichtet worden sein.

Das zweite Monster war ein Drache, der 1531 vom Ritter Georg von Frankenstein getötet worden war. Mehr als dreihundert Jahre später, nämlich 1852, erschien der Geist dieses Drachen am Abend vor Allerheiligen am Grab des Ritters Georg von Frankenstein. Auf der Burg werden auch ab und zu die Geister verstorbener Burgherren gesehen. Verglichen mit den Geistern der beiden Monster sind sie natürlich nicht besonders beeindruckend.

Ghostwriter

Hin und wieder begegnet einem das Wort Ghostwriter (Geisterschreiber). Die meisten von diesen Wesen existieren in der »Unterwelt« der Verlagshäuser, und zwar mehr, als man denkt. Das sind Menschen, die Texte für andere schreiben und dabei aber absolut nicht in Erscheinung treten. Sie haben keinerlei Rechte an ihrem Text, werden aber dafür bezahlt, dass sie schreiben und schweigen. Ihr Name taucht nirgendwo auf.

Geisterschmerzen

Wenn jemand einen Arm oder ein Bein verloren hat, dann kann das Gehirn diese Information oftmals nicht sofort verarbeiten. Man nennt das Geister- bzw. Phantomschmerzen. Der Mensch hat das Gefühl, mit den Zehen wackeln zu können, selbst wenn er keinen Fuß mehr hat.

Ein Mann zum Beispiel hat bei einem Autounfall seine Beine verloren. Von da an konnte er nie mehr in einem normalen Bett schlafen, weil er immer das Gefühl hatte, seine Beine steckten in der Matratze.

Seine Phantombeine hatten also immer noch die Information, im Auto zu sitzen.

Und was für eine Vorstellung, einen Phantomjuckreiz zu empfinden! Wie soll man sich denn kratzen, wenn das betroffene Bein oder der Arm gar nicht mehr da sind?

In Gruselfilmen machen sich losgelöste Körperteile – vorwiegend Hände – selbständig und treiben allen möglichen Unfug. So auch in dem Film *Die Hand* (1981) von Oliver Stone mit Michael Caine in der Hauptrolle.

Geisterjäger

Die bekanntesten Gespensterjäger sind vermutlich die aus dem Film *Ghostbusters – Die Geisterjäger* (1984). Die Ghostbusters sind drei ziemlich erfolglose Gelehrte (sogenannte Parapsychologen), die, um ihren Lebensunterhalt zu verdienen, eine private Geisterjäger-Agentur gründen, um mit supermodernen Gerätschaften Geister aufzuspüren und zu fangen.

Aber auch in Wirklichkeit gibt es berufsmäßige Geisterjäger, die mit allerlei Hilfsmitteln – Handys, Computern, Mikrofonen, Kameras, sogar mit Radar – den Geistern zu Leibe rücken. Dies sind oft Wissenschaftler, die sich ernsthaft mit der Erforschung von Geistererscheinungen beschäftigen. Sie versuchen, Geister auf irgendeine Art festzuhalten, indem sie Videos oder Fotos von ihnen machen oder die Laute, die sie von sich geben, aufnehmen, um so wissenschaftliche Beweise für ihre Existenz zu sammeln.

Weil Geister aber bekanntlich körperlos und meist durchsichtig sind, ist es jedoch fast unmöglich, sie zu filmen oder zu fotografieren.

Ein echter Gespensterjäger gibt jedoch nicht so leicht den Mut auf. In England existiert schon seit 1862 der »Ghostclub«. Dessen Mitglieder sind keine Geister, sondern Forscher. Sie halten regelmäßig Vorträge über Geister, und manchmal organisieren sie Reisen zu Spukhäusern, um dort zu versuchen, einen Geist bei der Arbeit zu ertappen. Gespensterjäger spielen auch die Hauptrolle in Cornelia Funkes *Gespensterjäger*-Reihe.

Unsichtbare Geister

Geister, die man nicht sehen kann, sind noch unheimlicher als Gespenster. Ihre Anwesenheit kann man nur durch eine plötzliche eisige Kälte fühlen, oder man merkt plötzlich, dass sich Möbelstücke wie von selbst verrücken.

Gute und böse Geister

Vor allem in fernöstlichen Ländern wie Japan und Indonesien ist der Glaube an unsichtbare Geister noch sehr stark. Jährlich werden Feste und Rituale abgehalten, um böse Geister zu vertreiben. Sie können großen Schaden anrichten, indem sie Krankheiten und Missernten verursachen. Gute Geister müssen die Menschen gegen die Streiche der bösen Geister schützen. Um die guten Geister günstig zu stimmen, werden ihnen an ihren Wohnorten, zum Beispiel in Wäldern, Tempeln oder Friedhöfen, Opfer dargebracht.

Poltergeist

Der Poltergeist ist kein Gespenst, sondern ein unsichtbarer Geist. Der Filmregisseur Steven Spielberg hat 1982 einen Film mit dem Titel *Poltergeist* produziert und auch das Drehbuch geschrieben.

Der Poltergeist zeigt sich nicht, doch er macht sich bemerkbar, indem er sich wie ein verrückter Zimmermann und manchmal auch wie ein böses, zerstörerisches Kind benimmt. Fenster fliegen auf, Türen schlagen zu, Gegenstände schweben durch die Luft, als würden sie von einer unsichtbaren Hand geworfen, Lampen beginnen an der Decke zu schaukeln, Klopfgeräusche sind zu hören. Manchmal verbreitet der Poltergeist einen ekelhaften Geruch.

Das Phänomen des Poltergeistes ist rätselhaft und sehr alt. Der älteste schriftlich festgehaltene Bericht stammt aus dem Jahr 355 n. Chr. In dem Städtchen Bingen am Rhein wurden Menschen von einem unsichtbaren Wesen mit Steinen beworfen. Nachts wurden sie aus den Betten gestoßen. Und ein Bericht aus dem Jahr 1964 erzählt, wie ein Poltergeist in Stow-on-the-Wold in England Sätze an Wände schrieb und selbstgemachte Texte zu den Melodien von Popsongs sang.

Sind Poltergeister Kinder?

Schon lange wird nach einer Erklärung für das Phänomen der Poltergeister gesucht. Forscher nehmen an, dass dieses Phänomen auf irgendeine Art durch Kinder verursacht wird (Kinder bekommen immer und für alles die Schuld!), die, ohne es selbst zu wissen, unsichtbare Kräfte in Gang setzen. Wer den Film *Carrie* (1976) nach dem Buch von Stephen King gesehen hat, versteht das. Darin lässt ein Mädchen Messer und Gabeln durch die Luft fliegen, ohne sie anzufassen.

Dämonen

Dämonen sind böse Geister, teuflische Kräfte, die Menschen Böses antun wollen und versuchen, sie zu beherrschen.
In mittelalterlichen Büchern werden sie als abscheuliche Wesen mit Hörnern und Klauen beschrieben, doch oft sind sie auch unsichtbar. Im Mittelalter versuchten Hexen und Zauberer, Dämonen aufzurufen und sie auf ihre Feinde zu hetzen.

Besessenheit

Besessenheit bedeutet, dass jemand in den Bann eines Dämons geraten ist. Deshalb ist er nicht mehr Herr seiner selbst. Vor allem im Mittelalter kam Besessenheit häufig vor. Wenn sich jemand zum Beispiel besonders seltsam verhielt, glaubte man, er sei von irgendeinem Dämon besessen. Ein Dämon, eine unsichtbare Kraft, nahm Besitz von jemandem, indem er in den Menschen buchstäblich hineinkroch. War er erst einmal drinnen, so hatte er keine Lust, sich einfach wieder rauswerfen zu lassen.

Eine besessene Person tat Dinge, die sie sonst nie getan hätte. Sie rollte über den Boden und hatte keine Gewalt mehr über sich. Es konnte passieren, dass der Besessene mit einer fremden Stimme sprach, sogar in anderen Sprachen, zum Beispiel Latein oder Griechisch. Dem Dämon gefiel es auch, den Besessenen laut fluchen oder ordinäre Worte aussprechen zu lassen.

In dem Film *Der Exorzist* (1973) kann ein besessenes Mädchen den Kopf ganz herumdrehen. Kein Wunder, dass sie danach eine Art grüner Erbsensuppe ausspuckt. Der Film ist nicht sehr appetitlich, nicht mal für Gruselkünstler, die Erbsensuppe mögen.

Besessenheit gibt es auch beim Voodoo, der vor allem auf Haiti zu finden ist (siehe Kapitel 5).

Geisteraustreiber

Sobald jemand besessen war, wurden Geisteraustreiber gerufen, Menschen, die wussten, wie sie den Geist aus dem

Körper eines Menschen jagen konnten. Meist waren es Pfarrer oder Priester, weil man glaubte, dass die Dämonen Teufel seien und von daher Feinde der Kirche. Geisteraustreiber wurden deshalb auch Teufelsaustreiber oder Exorzisten genannt.

Auch jetzt kommen noch Fälle von Besessenheit vor, und es gibt noch Pfarrer und Priester, die den Teufel austreiben. Meist genügt ein einzelner Geisteraustreiber, aber manchmal sind auch mehrere nötig. Zum Beispiel 1974 in England, wo in einem Fall von Besessenheit mindestens sechs Exorzisten notwendig waren. Mit vereinten Kräften verjagten sie den Dämon, sodass der Bösewicht schließlich fluchend und heulend den besessenen Mann verließ. Das nahm man wenigstens an. Aber später, als der Mann mit seiner Frau nach Hause gegangen war, brachte er sie um …

Rasseln gegen böse Geister

Ein Mittel, kleine Kinder gegen böse Geister zu schützen, ist von alters her die Rassel. Archäologen haben bei Ausgrabungen urzeitliche Rasseln aus Ton und Holz gefunden. Mit einer Rassel in der Wiege ist das Baby geschützt, denn böse Geister werden durch das Rasselgeräusch abgeschreckt. Rasseln aus dem sechzehnten und siebzehnten Jahrhundert waren mit Pfeifen und Glöckchen versehen, um die bösen Geister zu verjagen. Besondere Kräfte besaßen Rasseln, die

aus einem speziellen Material hergestellt waren: zum Beispiel aus Blutkorallen, Wolfszähnen oder den Zähnen eines Ebers. Oft waren sie auch besonders geformt, zum Beispiel wie Drachen oder Löwen, um Geister abzuschrecken.

Wie du dir helfen kannst

Es dürfte jetzt klar sein, dass Geister überhaupt nicht witzig sind. Sie bieten Stoff für die Gruselkunst in Büchern und Filmen, aber man hat sie besser nicht im eigenen Haus. Wenn du also Ärger mit Geistern hast, dann kaufe eine Rassel. Wenn sie ausverkauft sind, dann suche im Internet nach Geisterjägern in deiner Nähe und ruf sie an. Wenn dir in deinem Haus ein Gespenst mit klapperndem Gerippe begegnet, kannst du nur Eines tun: Schaff dir einen Hund an.

5
Wandelnde Tote

Neben dem Untoten, dem Vampir, gehört zur Gruselfamilie auch ein wandelnder Toter, der Zombie.

Vielleicht ist er etwas weniger berühmt als Dracula, der Werwolf oder das Monster von Frankenstein, aber er gehört zur Familie. Wandelnde Tote tun etwas, was es eigentlich nicht gibt: Während sie tot im Sarg liegen sollten, gehen sie herum, als wären sie lebendig. Sie sind keine Geister, denn du kannst sie deutlich sehen, und du kannst sie sogar anfassen (auch wenn das nicht besonders klug ist).

Ein klarer Fall von »anderer Wirklichkeit«, denkt der Gruselkünstler, aber genau wie Hexen sind wandelnde Tote auch in der Wirklichkeit bekannt. Es gibt sie auf Haiti, dem Land des Voodoo und der Zombies. Zombies sind grauenhaft wirklich.

Was ist ein Zombie?

Ein Zombie ist ein Toter, der aus seinem Grab herausgeholt worden oder selbst herausgekrochen ist. Eine wandelnde Leiche ohne Seele oder Geist, aber aus Fleisch und Blut.

Du erkennst Zombies an dem leeren starren Blick ihrer Augen und an ihrem trägen, schlurfenden Gang. Als ob sie über Glatteis liefen.

Zombies scheinen nichts zu hören, zu sehen oder zu fühlen. Sprechen können sie auch nicht. Das Einzige, was sie herausbringen, ist ein unverständliches Knurren.

Zombies in Filmen

In Filmen entstehen Zombies oft dadurch, dass wissenschaftliche Experimente außer Kontrolle geraten. Zum Beispiel entweicht gefährliches Gas aus einem Labor, und dadurch kommen die Toten aus ihren Gräbern.

Ein bekannter Zombiefilm ist *Die Nacht der lebenden Toten* (1968). Die Zombies in diesem Film steigen aus ihren Gräbern, um das Fleisch von lebenden Menschen zu essen. Es ist also kein Film, der den Appetit sonderlich anregt. Trotzdem war er sehr erfolgreich (vielleicht vor allem bei Zombies), und es wurden sogar fünf Fortsetzungen und eine Vorgeschichte gedreht.

Mit ein bisschen gutem Willen kann auch das Monster von Frankenstein als Zombie betrachtet werden. Dieses bemitleidenswerte Geschöpf ist aus den Körperteilen verschiedener Leichen zusammengesetzt worden und somit tatsächlich auch ein wandelnder Toter. Dass Zombies gerne Feste feiern, siehst du in dem Videoclip zu Michael Jacksons Song *Thriller* (1982). Da kommen die Toten aus ihren Gräbern und wandeln nicht nur herum, sie tanzen sogar wild drauflos.

Wie benimmt sich ein Filmzombie?

Der Filmzombie kriecht aus seinem Grab. Oft sieht er aus wie eine halbvermoderte Leiche, von der einzelne Stücke abfallen. Er selbst merkt das nicht, aber wer ihn trifft, ergreift schreiend die Flucht. Mühsam schleppt sich der Filmzombie auf der Suche nach Menschen durch die Straßen dichtbevölkerter, moderner Städte, denn er isst Menschenfleisch, genau wie im Märchen. »Ich rieche, rieche Menschenfleisch«, sagt der Riese. Doch der Zombie sagt nichts. Er kann nicht sprechen, er hört und fühlt nichts. Unaufhaltsam schwankt er vorwärts wie ein Betrunkener. Manchmal verliert er einen Arm, oder ein Auge rollt ihm aus der Höhle, aber das kümmert den Filmzombie nicht. Wenn er nur einen Bissen aus einer appetitlichen Schulter oder einem Bein bekommt, dann ist er zufrieden. Nur ein Schuss direkt in die Stirn kann ihn stoppen. Dann erst legt sich der wandelnde Tote für immer hin.

Echte Zombies

Auf Haiti erzählt man sich zahllose Geschichten von Leichen, die aus ihren Gräbern geholt wurden, um auf Plantagen zu arbeiten. Sie werden für Sklavenarbeit auf dem Land benötigt. Bei diesen Zombies handelt es sich um billige Arbeitskräfte, die sich nicht beklagen, weil Zombies nichts hören, nichts sagen und nichts denken.

Eine echte Zombiegeschichte

Stell dir vor, ein Nachbar, der vor zwanzig Jahren beerdigt wurde, kommt plötzlich in dein Wohnzimmer. Vermutlich würdest du deinen Augen nicht trauen. Trotzdem – solche Dinge passieren tatsächlich!

Am 3. Mai 1962 wurde Clairvius Narcisse, ein Bauer aus Haiti, auf einem Friedhof nördlich von seinem Dorf L'Estère begraben. Achtzehn Jahre später, nämlich 1980, spazierte derselbe Clairvius seelenruhig auf den Marktplatz von L'Estère hinauf. Er erzählte, er sei ein Opfer von Voodoo-Praktiken gewesen. Ein Zauberer habe ihn in einen Zombie verwandelt, und sein eigener Bruder habe diesen Zauberer angeheuert. Clairvius hatte sich vor seinem Tod mit seinem Bruder über eine Erbschaft gestritten. Nach seiner Beerdigung habe man ihn aus dem Grab geholt, sagte Clairvius, und er habe mit anderen Zombies Sklavenarbeit verrichtet. Schließlich sei er entkommen und irre nun schon sechzehn Jahre auf der Insel herum.

Das Eigenartige war, dass dieser Zombie sprechen konnte. Normalerweise können Zombies ja nicht sprechen und sich auch an nichts mehr erinnern. Clairvius Narcisse erinnerte sich sogar an seine Beerdigung. Von einem Nagel, der durch den Deckel seines Sargs geschlagen worden war, hatte er eine Narbe auf dem Gesicht.

1981 drehte die BBC einen Dokumentarfilm über diesen Vorfall. Der Totenschein, die Begräbnispapiere – alles stimmte. Clairvius war offiziell für tot erklärt und begraben worden. Doch in Wirklichkeit wandelte er herum.

Auf Haiti sind noch weitere solcher Fälle bekannt. Menschen kommen Jahre nach ihrer Beerdigung zurück. Anders als Clairvius Narcisse können sie nicht erzählen, was mit ihnen geschehen ist. Sie sind ohne Erinnerung, ohne Seele, nur eine wandelnde leere Hülle. In der psychiatrischen Klinik von Port-au-Prince, der Hauptstadt von Haiti, gibt es etliche Personen, die Zombies geworden sind. Sie sprechen nicht, sie starren mit leerem Blick vor sich hin, und nichts scheint in ihnen vorzugehen. Manchmal sind ihre Augen offen und auf eine seltsame Art verdreht, sodass man nur das Weiße sehen kann. Die größte Angst eines Haitianers besteht nicht darin, einen Zombie zu treffen, sondern selbst einer zu werden. Doch warum wird jemand ein Zombie? Und wie? Denn das ist wohl klar, dass niemand aus freien Stücken zu einem wandelnden Toten wird. Zombies werden gemacht! Und zwar nicht in einer Fabrik in Taiwan. Ein Zombie ist eines der Geheimnisse des Voodoo-Zaubers.

Was ist Voodoo?

Voodoo ist eine geheimnisvolle Religion, bei der komplizierte Rituale, Tänze und Trance eine Rolle spielen. Trance ist eine Art Traumzustand, in den die Teilnehmer durch Tanzen geraten. Während eines Voodoo-Rituals werden oft Tieropfer dargebracht. Ziegen oder Hühner werden als Opfer für die Götter geschlachtet.

Voodoo hat seinen Ursprung in Afrika. Im siebzehnten Jahrhundert brachten afrikanische Sklaven diese Religion nach Haiti. Dort mischte sie sich mit dem Katholizismus und dem Glauben an übernatürliche Erscheinungen.

Schwarze Magie

Magie spielt bei Voodoo eine wichtige Rolle. Sowohl weiße Magie, das heißt heilende Kräfte, als auch schwarze Magie, die Kraft der Verfluchung und Verzauberung. Genau wie durch Hexerei können auch bei Voodoo Menschen mit Hilfe einer Voodoopuppe verzaubert werden.

Besessen

Bei Voodoo-Zusammenkünften passiert es regelmäßig, dass die tanzenden Teilnehmer in Trance geraten und von Geistern besessen werden, die in die Personen kriechen und sie beherrschen. Sie sehen und fühlen dann nichts mehr. Mit nackten Füßen laufen sie durch das Feuer oder über Glasscherben, ohne sich dabei zu verletzen.

Zombiemacher

Jedes Dorf auf Haiti hat einen Geheimbund, einen Club wichtiger Personen, die für den Schutz der Gemeinschaft sorgen. Sowohl Männer als auch Frauen können in den Geheimbund aufgenommen werden. Sie erhalten spezielle Mitgliedsausweise, und es werden Kennwörter als Parolen verwendet. Jeder Geheimbund hat einen eigenen Voodoopriester, den Bokor. Dieser Bokor ist ein Zauberer, eine männliche Hexe (auf Englisch: witch doctor). Wenn jemand die Gesetze der Gemeinschaft Übertritt und Unruhe verursacht, wird er gewarnt und aufgefordert, das Dorf zu verlassen. Geht er nicht freiwillig weg, verwandelt ihn der Bokor in einen Zombie. In solchen Fällen handelt es sich also um eine Strafe. Doch es gibt auch Bokors, die bereit sind, für Geld jemanden in einen Zombie zu verwandeln.

Wie wird ein Zombie gemacht?

Haitianischen Geschichten zufolge geht der Bokor folgendermaßen vor, wenn er jemanden in einen Zombie verwandeln will: Er setzt sich rückwärts auf ein Pferd und reitet zum Haus seines Opfers. Dort drückt er die Lippen an das

Schlüsselloch, saugt die Seele der Person heraus und bläst sie in eine Flasche. Das ist eine außergewöhnliche Zauberkunst, die nur der Bokor beherrscht. Die Flasche verschließt er sofort mit einem Korken. Nun ist die Seele des Opfers gefangen, der betreffende Mensch wird krank und stirbt. Nach der Beerdigung wird die Leiche aus dem Grab geholt und mittels bestimmter Rituale wieder zum Leben erweckt. Der Zauberer ruft den Namen des Toten, der macht die Augen auf und setzt sich hin. Fortan ist er der Sklave des Zauberers, weil dieser seine Seele besitzt. Er ist zu einem wandelnden Toten geworden, einem Menschen ohne Willen.

Zombiepuder

Um aus jemandem einen Zombie zu machen, kann der Zauberer auch das berüchtigte Zombiepuder benutzen. Zombiepuder besteht unter anderem aus einer Mischung von zermahlenen Pflanzen, einer getrockneten Kröte und zerstampften Menschenknochen.

Der Zauberer streut Zombiepuder auf die Schwelle eines Hauses, und wenn der Bewohner auf das Puder tritt, verbreitet es sich durch die Fußsohlen im ganzen Körper. Der Mensch stirbt und wird ein Zombie.

Scheintot

Einen Zombie zu machen, ist Hexerei der höchsten Stufe. Westliche Wissenschaftler haben jahrelang nach einer anderen Erklärung für das Phänomen der Zombies gesucht. Sie sind schließlich zu dem Ergebnis gekommen, dass die Zombies bei ihrer Beerdigung überhaupt nicht tot gewesen sind, sondern nur scheintot. Sie sehen aus wie tot, leben aber noch. Es gibt Gifte, mit deren Hilfe Menschen scheintot gemacht werden können. Eines davon ist das Gift des Kugelfisches, einer Fischart, die fast überall in den Tropen vorkommt. Der amerikanische Professor Wade Davis fand 1982 heraus, dass das Gift der Kugelfische in Zombiepuder zu finden ist. Das bedeutet, dass ein Zombie ein Mensch ist, der noch lebt, wenn er begraben wird, aber durch die Verwendung von Zombiepuder in den Zustand eines Scheintoten versetzt wurde. Eine Trance, aus der er wahrscheinlich nie mehr aufwachen wird. Wird er aus dem Grab geholt, ist er ein willenloses Wesen geworden, fast ein wandelnder Toter.

Voodoo als Vergnügen

Obwohl die meisten Haitianer große Angst vor den düsteren Seiten des Voodoo haben, werden heutzutage auf Haiti Voodoo-Vorstellungen für Touristen abgehalten. Besondere Tricks von schwarzer Magie werden vorgeführt, bei denen Menschen durch Feuer oder über Glasscherben laufen. In Umzügen ziehen Leute, verkleidet und leichenweiß geschminkt, als Zombies durch die Straßen.

Schrumpfmittel

Zombies kommen in vielen Filmen vor, seltener in Büchern und in Kinderbüchern fast gar nicht. Vielleicht sind sie als

Thema für ein Kinderbuch zu schauerlich? In Comics tauchen Zombies aber manchmal auf. Kein Geringerer als Donald Duck hatte einmal ein gruseliges Abenteuer mit einem Zombie.

In der Geschichte *Wudu-hudu-Zauber oder Ein Zombie geht durch die Stadt* begegnet Donald einem Zombie, der schon siebzig Jahre auf der Erde herumirrt. Er gibt Donald eine Voodoo-Puppe. In der Puppe steckt eine Nadel mit »Schrumpfmittel«, an der Donald sich sticht, als er die Puppe zufällig drückt. Donald muss nach Whambo-Jambo reisen, um den Herrn des Zombies zu suchen, einen Zauberer. Nur er kann den Fluch ungeschehen machen.

Salz gegen Zombies

Wer Angst vor Zombies hat, sollte dafür sorgen, dass er immer ein bisschen Salz bei sich hat. Wenn ein Zombie Salz schmeckt, kommt er für einen Moment zu sich. Er erinnert sich, dass er tot ist, und kehrt zu seinem Grab zurück.

6
Hexen

Die Hexe ist eine Außenseiterin unter den Gruselfiguren dieses Buches. Sie ist weder ein Monster noch ein überirdisches Wesen, sondern ein Mensch. Hexen gibt es wirklich, jedenfalls hat es immer Menschen gegeben, die von sich behauptet haben, Hexen zu sein. Bis heute. Hexen gehören zur Wirklichkeit und gleichzeitig zur »anderen Wirklichkeit«.

In allen Jahrhunderten wurden Hexen sowohl geliebt als auch gehasst. Es gibt gute und böse Hexen. Gute Hexen helfen den Menschen, zum Beispiel machen sie Kranke gesund. Böse Hexen machen das Gegenteil. Über Hexen gibt es mehr historische Erzählungen als Gruselgeschichten. Trotzdem ist Hexerei ein Thema, das in Gruselgeschichten und gruseligen Märchen eine wichtige Rolle spielt.

Deshalb erhält die Hexe auch einen Platz in diesem Buch.

Sowohl Männer als auch Frauen konnten Hexen sein, aber in den allermeisten Geschichten handelt es sich um Frauen.

Männliche Hexen werden meist Zauberer genannt.

Was ist eine Hexe?

Hexen in Märchen

Böse Hexen, wie sie vor allem in Märchen vorkommen, sind hässliche alte Frauen mit Warzen und langen gebogenen Nasen. Sie können auf Besenstielen fliegen und beherrschen die schwarze Zauberei. Sie leben in kleinen Häuschen im Wald und braten gern ab und zu ein Kind in ihrem Ofen. Denk

nur mal an die Hexen aus *Hänsel und Gretel*, *Schneewittchen*, *Der Zauberer von Oz* und anderen Märchen. In ihrer Nähe finden sich immer schwarze Katzen oder Raben. Die Hexen brauen Zaubertränke, in denen Kröten, Pilze, Augen, Haare und andere Leckereien herumschwimmen.

Moderne Hexen

Moderne Hexen sind keine hässlichen alten Frauen. Roald Dahl beschreibt sie in seinem Buch *Hexen hexen*. Sie sehen alle wie nette Damen aus, aber unter ihren Perücken haben sie kahle krustige Köpfe. Wenn sie ihre Handschuhe ausziehen, sieht man ihre Krallen, außerdem haben sie keine Zehen. Und ihre Spucke ist blau. Sie sind sehr bösartig und hassen alle Kinder.

Aber es gibt auch gute Hexen, zum Beispiel in dem Buch *Die kleine Hexe* von Otfried Preußler.

Wirkliche Hexen

Es gibt einen Unterschied zwischen der bösen Hexe aus Märchen und Gruselgeschichten und den wirklichen Hexen, die vor allem in historischen Erzählungen vorkommen. Hexerei gab es, schon lange bevor die ersten Märchen erzählt wurden. Die alten Hexen sahen den bösen Märchenhexen überhaupt nicht ähnlich.

Weise Frauen

In alten Zeiten waren Hexen Priesterinnen und Heilkundige, die als weise Frauen bekannt waren. Sie wurden geachtet und geehrt, weil sie magische Kräfte besaßen. Sie waren oft als Hebammen tätig und verstanden auch viel von Kräutern, mit deren Hilfe sie Kranke heilen konnten.

Man glaubte außerdem, dass sie mit Zaubersprüchen und bestimmten Ritualen Feinde ausschalten konnten. Doch sie waren auch gefürchtet, sogar bei ihrem eigenen Volk, weil man annahm, sie stünden mit der Geisterwelt und mit den Toten in Verbindung.

Kräuterweiber

Die Hexe im Mittelalter war eine alte Frau, die Kenntnisse über Kräuter besaß. Weil es wenig Ärzte gab, riefen Kranke oft ein Kräuterweib zu Hilfe. Mit Tränken, die aus Kräutern gemacht waren, konnte sie kranken Menschen helfen. Hexen waren meist sehr arm. Sie lebten in armseligen Häuschen und verdienten sich ihren Lebensunterhalt außer durch die Heilung von Kranken auch mit Wahrsagerei.

Obwohl die Leute diese Hexen oft um Hilfe baten, hatten sie zugleich auch Angst vor deren Wissen. Diese Kräuterweiber waren es hauptsächlich, die als Vorbild für die Märchenhexen galten.

Wie wird jemand eine Hexe?

Jemand, der Anlagen zur Hexerei hat, kann von einer wirklichen Hexe oder einem Zauberer in die geheimen Künste der Hexerei eingeführt werden.

Alte Hexen hatten oft eine Dienerin, die für sie den Haushalt erledigte und daneben alles lernte, was zur Hexerei gehört.

In *Krabat* von Otfried Preußler ist eine Mühle eine Art Hexenschule. Der Müller ist ein Hexenmeister, der zwölf Knechte in der schwarzen Magie ausbildet.

In J. K. Rowlings Harry-Potter-Romanen gibt es sogar ein Internat für Hexen und Zauberer.

Hexenkünste

Zaubern

Hexen konnten zaubern. Sie konnten mit Hilfe von Zaubersprüchen und Hexengebräu einen Menschen zum Beispiel
in einen Frosch oder ein Schwein verwandeln. Und aus den
Eingeweiden eines Huhns konnten sie die Zukunft voraus-
sagen.

Wehe den Ärmsten, die sich von einer Hexe zu einer Tasse
Tee einladen ließen. Die schrecklichsten Dinge konnten ihnen passieren.

Sie konnten schrumpfen, auf der Stelle alt oder verrückt
werden, sich in ein Tier verwandeln und was es sonst noch
an hübschen Möglichkeiten gibt.

Fliegen

Hexen konnten auf ihren Besenstielen durch die Luft fliegen. Sie verließen ihr Haus durch den Schornstein. Manchmal verwendeten sie auch eine Art Flugsalbe, mit der sie sich
einschmierten.

Heutzutage vermutet man, dass Hexen überhaupt nicht fliegen konnten, sondern dass sie von den Zaubersalben, mit denen sie sich einrieben, anfingen zu träumen, beispielsweise, sie
würden fliegen. Und diesen Traum hielten sie dann für wahr.

Stürme machen

Der Besenstiel war eine mächtige Waffe für eine Hexe. Sie
konnte nicht nur auf ihm fliegen. Indem sie ihn hart auf den
Boden schlug, konnte sie zum Beispiel auch einen Sturm
hervorrufen. Die Menschen glaubten außerdem, eine Hexe
könne auch dadurch einen Sturm aufkommen lassen, dass sie
Sand in die untergehende Sonne warf.

Geister herbeirufen

Vor sehr langer Zeit glaubte man, Hexen hätten Kontakt zur
Geisterwelt und zu den Toten. Mit Hilfe geheimnisvoller
Rituale konnten sie böse Geister herbeirufen, die sie dann
auf andere Leute hetzten.

Verwandlung

Hexen konnten sich selbst und andere Menschen in Werwölfe verwandeln (siehe Kapitel 3). Daneben waren sie auch

in der Lage, die Gestalt einer Eule, eines Raben oder anderer Tiere anzunehmen – eine Eigenschaft, die auch der Vampir besaß.

Verfluchungen

Hexen konnten mit Hilfe einer Hexenpuppe Menschen verfluchen.

Ein Fluch war ein Spruch, der Unglück über Menschen brachte, die dann vielleicht krank wurden oder, noch schlimmer, starben. Die Hexe klebte ein Haar, einen Fingernagel oder ein Stück Kleidung der Person, die sie verhexen wollte, auf die Puppe. Dann sprach sie einen Fluch aus, oder sie steckte Nadeln in die Puppe. Auch wenn das Opfer kilometerweit entfernt war, bekam es heftige Schmerzen, und manchmal starb es.

Diese Kunst wird auch beim Voodoo angewendet, der afrikanischen Version der Hexerei (siehe Kapitel 5).

Der böse Blick

Hexen konnten Unfälle und Katastrophen verursachen, allein durch ihre Augen.

Diese Kraft nannte man den bösen Blick. Ein einziger böser Blick, und die Ernte eines ganzen Jahres konnte misslingen, oder die Milch wurde sauer, um nur zwei kleine Beispiele zu nennen. Bis heute gibt es den Glauben an den bösen Blick. In Irland und Italien, aber auch in Griechenland und der Türkei glaubt man noch fest daran.

Schutz gegen Hexen

Als die Angst vor Hexen sehr groß war, suchten die Menschen natürlich nach Methoden, sich vor Hexenkünsten zu schützen. Halsketten, Armbänder und alle möglichen Amulette, zum Beispiel Steine mit Löchern, sollten dafür sorgen, dass Hexen einem nicht zu nahe kamen.

Die Hilfe einer guten Hexe

Wer von einer bösen Hexe verzaubert wurde, konnte eine gute Hexe um Hilfe bitten. Sie konnte die Verzauberung lösen, wenn sie selbst über genügend Zauberkraft verfügte. Dann stellte sie zum Beispiel eine Hexenpuppe her, mit deren Hilfe man die böse Hexe umbringen konnte.

Vogelbeere

Blätter oder Zweige der Vogelbeere wurden bis ins neunzehnte Jahrhundert als Abwehrmittel gegen böse Hexen betrachtet. Über die Türen der Häuser wurden gekreuzte Vogelbeerzweige genagelt, so dass keine Hexe das Haus betreten konnte. Manchmal wurde auch ein Zweig über die Wiege eines Säuglings gehängt. Halsketten aus Vogelbeeren oder aus Blutkorallen sollten Hexen abwehren.

Knoblauch

Knoblauch war nicht nur ein Abwehrmittel gegen Vampire, auch Hexen ließen sich damit manchmal auf Abstand halten. Eine Knoblauchzehe im Portemonnaie sorgte dafür, dass keine Hexe ihre Hand hineinstecken konnte, um das Geld zu stehlen. Hexen wurden nämlich oft als Diebinnen betrachtet.

Abwehr gegen den bösen Blick

Um den bösen Blick einer Hexe abzuwehren, musste man den kleinen Finger und den Zeigefinger einer Hand wie zwei Hörner hochhalten (oder den Zeige- und den Mittelfinger oder den Daumen und den kleinen Finger). Wenn jemand ein Auge auf sein Haus malte, konnte er sich ebenfalls vor dem bösen Blick schützen. Nur wer sehr tapfer war, konnte den bösen Blick abwehren, indem er der Hexe dreimal in ihr böses Auge spuckte.

Hexensabbat

Eine Zusammenkunft von Hexen wird Hexensabbat genannt. Viermal im Jahr hielten die Hexen derartige Treffen ab. In der Walpurgisnacht (der Nacht vorm 1. Mai) und an Allerheiligen (der Nacht vorm 1. November) fanden die wichtigsten Zusammenkünfte statt. Seit dem Mittelalter hatte man die seltsamsten Vorstellungen davon, was auf einem Hexensabbat passierte. Weil normale Menschen nie anwesend waren, wurden die Geschichten im Laufe der Zeit immer seltsamer. Gerüchte über Kontakte zwischen Hexen und dem Teufel machten so schnell die Runde wie heutzutage Gerüchte über Justin Biebers neueste Freundin. Im sechzehnten und siebzehnten Jahrhundert stellte man sich einen Hexensabbat folgendermaßen vor:

In der Walpurgisnacht kamen die Hexen aus allen Windrichtungen auf ihren Besen angeflogen oder auf dem Rücken eines Werwolfs angeritten, um den Hexensabbat auf einem Berg oder in einem dunklen Wald zu feiern. Die

Walpurgisnacht ist, wie Allerheiligen, eine Zeit, in der es nicht ganz geheuer ist und in der alle möglichen Geister und Dämonen zum Vorschein kommen. Eine Nacht also, die für ein wildes Hexenfest mit großen Essgelagen und Gesang sehr geeignet war. Die Hexen setzten sich Masken von einem Stier oder einem Hirsch auf, die den Teufel symbolisierten, und tanzten im Kreis herum. Auf dem Berg oder im Wald wimmelte es von Schlangen, schwarzen Katzen, Eulen und Fledermäusen. Dämonen tanzten Hand in Hand mit den Hexen. Im Mondlicht stiegen seltsame Dämpfe aus den Kochtöpfen, in denen das Festmahl zubereitet wurde. Die Hexen prahlten mit ihren bösen Streichen und dachten sich neue Übeltaten aus. Wenn das Fest in vollem Gange war, erschien der Teufel selbst, um nachzuschauen, ob die Hexen genug Untaten auf dem Kerbholz hatten. Als Zeichen ihrer Unterwerfung küssten ihm die Hexen das Hinterteil. Nach dem Fest stiegen die Hexen auf ihre Besen oder auf einen Werwolf und verschwanden, wie sie gekommen waren.

Hexenverfolgungen

Durch die wilden Geschichten über Hexensabbate und die Zauberkünste der Kräuterweiber wuchs die Angst vor den Hexen. Die katholische Kirche behauptete, dass Hexen Teufelsanbeterinnen seien, weil sie Magie benutzten. Nach der Meinung der Kirche kam nämlich alles, was mit Magie zusammenhing, vom Teufel. Alle Hexen, auch gute, die Kranke gesund machten, waren folglich Handlangerinnen des Teufels. Deshalb wurde im dreizehnten Jahrhundert ein katholisches Gericht eingerichtet, das Hexen aufspüren ließ. Dieses Gericht nannte man Inquisition.

Im sechzehnten und siebzehnten Jahrhundert ging es mit der Hexenjagd erst richtig los. Es war dieselbe Zeit, in der überall in Europa, vor allem aber in Frankreich, Werwölfe verfolgt wurden. Liest man Berichte aus der damaligen Zeit, so scheint es, als wären überhaupt nur Hexen und Werwölfe herumgelaufen, so groß war die Angst inzwischen geworden. Die Leute trauten ihren eigenen Nachbarn nicht mehr. Sowohl Männer als auch Frauen konnten der Hexerei bezichtigt werden, aber es waren vorwiegend Frauen. Vielleicht sind Hexen durch die Jahrhunderte hindurch deswegen so oft bekämpft worden, weil viele Männer immer Angst vor Frauen mit einer gewissen Macht gehabt haben. Soweit bekannt, waren die Hexenjäger ausschließlich Männer.

Hexenjäger

Von der Kirche angestellte Hexenjäger zogen als Schlächterbanden durch Europa. Keine Hexe war mehr sicher. Jede Person, die verdächtigt wurde, musste sich einem Test unterziehen. Wollte eine Verdächtigte ihre Taten nicht zugeben, wurde sie gefoltert, bis sie schließlich bekennen musste, eine Hexe zu sein. Daumenschrauben und glühende Eisen wurden als Folterwerkzeuge eingesetzt. Auch das Rösten von

Körperteilen war eine von den Hexenjägern angewendete Methode, um ein Bekenntnis zu erzwingen.

Wassertest

Dies war ein berüchtigter »Hexen-Test«. Die verdächtigte Person wurde mit zusammengebundenen Händen und Füßen ins Wasser geworfen. Ertrank sie, galt das als Beweis, dass sie keine Hexe gewesen war. Trieb sie oben auf dem Wasser, dann war sie eine Hexe und wurde verbrannt.

Wiegen

Um herauszufinden, ob jemand eine Hexe war, benutzten die Hexenjäger auch eine Waagschale, die sogenannte Hexenwaage. Die verdächtigte Person musste sich auf eine Waagschale setzen und wurde gewogen. War sie sehr mager und wog weniger als fünfzig Kilo, wurde sie als »zu leicht befunden« und galt als Hexe.
In den Niederlanden gibt es noch eine echte Hexenwaage zu sehen, in Oudewater. Wer sich traut, kann sich dort wiegen lassen.

Warzen, Muttermale, Sommersprossen

Auf die Dauer waren die Hexenjäger berüchtigter und gefürchteter als die Hexen selbst, denn jeder konnte in den Verdacht geraten, eine Hexe zu sein. Vor allem Menschen mit folgenden körperlichen Merkmalen waren sehr gefährdet: eine Narbe auf der Augenbraue, ein Muttermal im

Nacken, eine unter den Haaren verborgene Sommersprosse, eine Warze auf dem Ohr, eine Verfärbung unter den Augen, ein Spalt im Kinn.

Bei Hexenprozessen galten diese Merkmale als ausreichender Beweis, um jemanden auf den Scheiterhaufen zu schicken, denn für die Kirche waren das die Kennzeichen des Teufels.

Hexenstecher

Entdeckten die Hexenjäger auf dem Gesicht einer verdächtigten Person keines dieser Merkmale, musste sie sich auskleiden, und ihr ganzer Körper wurde nach Muttermalen oder anderen Kennzeichen des Teufels untersucht. Dabei wurde ein Hexenstecher benutzt: ein Messer, mit dem in Muttermale und Warzen gestochen wurde. Fühlte die betreffende Person an bestimmten Stellen nichts, so bedeutete es, dass sie eine Hexe war. Tausende von Menschen sind aufgrund von Muttermalen, Sommersprossen oder Warzen auf äußerst grausame Art und Weise hingerichtet worden. Das Merkwürdige ist, dass eine Reihe von Beschuldigten nicht leugnete, eine Hexe zu sein. Sogar noch auf dem Scheiterhaufen blieben sie bei ihrer Behauptung, tatsächlich Hexen zu sein.

Matthew Hopkins

Einer der berüchtigsten Hexenjäger war Matthew Hopkins, der im siebzehnten Jahrhundert durch ganz England zog,

Scheiterhaufen errichtete, Köpfe abhackte und vermeintliche Hexen ertränkte oder aufhängte. Zusammen mit seinem Kollegen John Stearne ermordete er mehr Menschen als alle anderen englischen Hexenjäger zusammen. Hopkins starb unter mysteriösen Umständen. Einigen Berichten zufolge starb er an Tuberkulose, aber es wurde auch gesagt, seine eigenen Nachbarn hätten ihn in einem Teich ertränkt, weil sie seine Grausamkeiten verabscheuten.

Demzufolge wäre er auf die gleiche Art gestorben wie viele seiner Opfer, die er durch den Wassertest umgebracht hatte. 1968 wurde ein Film über Hopkins gedreht: *Der Hexenjäger.*

Hexenprozesse von Salem

Die berühmtesten Hexenprozesse sind die von Salem im US-Bundesstaat Massachusetts, die zwischen Februar 1692 und Mai 1693 stattfanden. Alles begann damit, dass die neunjährige Tochter und elfjährige Nichte des örtlichen puritanischen Erweckungspredigers sich sonderbar verhielten: Sie sprachen seltsam, versteckten sich unter Dingen und krochen auf dem Boden herum. Ein Arzt, der hinzugeholt wurde, konnte nichts Medizinisches entdecken und stellte daher die Vermutung an, dass sie vom Teufel besessen sein könnten.

Die Mädchen beschuldigten einige Leute aus der Nachbarschaft, Hexen zu sein, die sie quälten. Daraufhin wurde in Salem ein Gericht geschaffen, um Zeugen und die Angeklagten anzuhören. Bald wurden viele Menschen, besonders

Frauen, in dem Prozess angeklagt und wegen Hexerei zum Tode verurteilt. Zwanzig Personen – vierzehn von ihnen Frauen – wurden hingerichtet, und fünf starben im Gefängnis, darunter zwei Kleinkinder. Später war dann klar, dass die Anklagen auf falschen Anschuldigungen beruhten, die aufgrund der Panik entstanden waren, die sich unter der Bevölkerung ausgebreitet hatte.

Diese traurige Episode hat viele Schriftsteller angeregt, Bücher zum Thema zu schreiben, so wie etwa den berühmten Grusel- und Science-fiction-Autor Wolfgang Hohlbein zu seinem Romanzyklus *Der Hexer von Salem*.

Menschen glaubten ernsthaft an Hexen

Einer der Gründe für die Hexenprozesse von Salem war, dass die meisten Menschen glaubten, dass Hexen tatsächlich existierten und gefährliche Kreaturen waren – manche glauben das sogar heute noch! König James I. von England schrieb eine Abhandlung über Dämonen und Hexerei namens *Dämonologie* (1597), die zeigt, dass sogar Könige und Königinnen ernsthaft an Hexen und Ähnliches glaubten. In seiner Abhandlung erwähnt der König auch »War-woolfes«, also »Werwölfe« (siehe Kapitel 3).

Das Ende der Hexenverfolgungen

Gegen Ende des siebzehnten Jahrhunderts wehrten sich die Menschen endlich gegen das Blutbad, das durch die Hexenjäger angerichtet wurde. Doch erst im achtzehnten

Jahrhundert fanden die Hexenverfolgungen ein Ende. Es gab neue Gesetze, und die Hexerei galt fürderhin als abergläubischer Unsinn.

Bis dahin waren vor allem in England, Deutschland, Frankreich, Spanien, Italien und Skandinavien Hunderttausende als Hexen ermordet worden. Der letzte Hexenprozess war 1782 in der Schweiz; ein junges Kindermädchen wurde zum Tode verurteilt.

Die Geschichte der Hexenverfolgung ist grausamer als jede Gruselgeschichte, weil es sich dabei um Dinge handelt, die in Wirklichkeit passiert sind.

Hexerei heute

Die Hexe in der Sprache

Trotz aller Greuelgeschichten aus der Vergangenheit lebt die Hexerei weiter. Das Wort »hexen« hat sogar in die Alltagssprache Einzug gehalten. »Ich kann nicht hexen«, sagt jemand, der eine Aufgabe nicht so schnell erledigen kann. »Hexe« wird auch als Schimpfwort benutzt.

Hexen gibt es noch immer, sowohl in der Sprache als auch in Wirklichkeit.

Hexenringe

Überall auf der Welt gibt es Hexenringe. Das sind Vereinigungen, die meist aus dreizehn Hexen bestehen, weil die

Dreizehn als magische Zahl gilt. Die Mitglieder dieser Vereinigungen betrachten sich selbst als Abkömmlinge der Hexen aus früheren Zeiten. Sie vollziehen auch die alten Hexenrituale und halten geheimnisvolle Versammlungen ab. Es sind normale Menschen: Hausfrauen, Lehrerinnen, Schuldirektorinnen, Schriftsteller, Bankangestellte, Künstler und Wissenschaftler. Ganz normale Menschen also.

Obwohl …

Ganz normal?

Was sagt Roald Dahl in seinem Buch *Hexen hexen*? »Echte Hexen tragen ganz normale Kleider und sehen auch wie ganz normale Frauen aus (...) Deshalb ist es so schwer, sie zu erwischen.«

Diese Hexen haben nur ein Ziel: das Ausrotten aller Kinder. Sie haben eine spezielle Nase für Kinder. Sie riechen sie auf einen Kilometer Entfernung.

Je öfter du dich wäschst, desto besser können sie dich riechen. Es gibt also nur eine Art, ihnen zu entkommen: nie mehr in die Badewanne!

Diese Methode, sich selbst gegen Hexen zu schützen, ist übrigens auch in östlichen Ländern bekannt. Dort glauben die Eltern, dass sie ihre Kinder gegen den bösen Blick schützen können, wenn sie sie sehr dreckig werden lassen. Denn die Hexe richtet ihren bösen Blick nur auf Kinder, die sauber und ordentlich aussehen. Erzähl das doch mal deinen Eltern …

7
Monster

Nach dem großen Duden ist ein »Monster« ein »furcht-erregendes, hässliches Fabelwesen, Ungeheuer von fantastischer, meist riesenhafter Gestalt«. Monster sind also gruselige, große und hässliche Wesen. Für die Gruselkunst gilt: Je hässlicher ein Monster ist, umso besser, denn umso gruseliger ist es. Die meisten Monster gehören zur »anderen Wirklichkeit«. Aber auch in unserer Wirklichkeit gibt es Monster. Sie leben in tiefen Ozeanen und Seen, in verschneiten Bergen oder in Urwäldern, in die noch nie ein Mensch seinen Fuß gesetzt hat.

Steig in den Gruselbus ein, zu einer kleinen Monstertour, einer Rundfahrt vorbei an Monstern aus der Gegenwart und der Vergangenheit.

Frankensteins Monster

Das Monster von Frankenstein ist gruselig, groß und hässlich. Es wurde von einem gewissen Doktor Frankenstein in einem Labor hergestellt. Es ist ein riesiges Geschöpf mit einem viereckigen Kopf wie ein Backstein und zwei kräftigen Schraubenbolzen an beiden Seiten des Halses. Das Monster wurde vor allem durch den Schauspieler Boris Karloff berühmt, der es in dem 1931 entstandenen Film *Frankenstein* spielte. Die Leute denken oft, dass der Name des Monsters Frankenstein ist. Aber das ist natürlich der Name seines Erschaffers. Das Monster selbst hat keinen Namen. Das Buch *Frankenstein* wurde 1818 von der englischen Schriftstellerin Mary Shelley verfasst und ist noch immer sehr populär. Der Name Frankenstein ist zum Begriff geworden (zum Beispiel um jemanden zu beleidigen), sogar für Leute, die den Film nie gesehen und auch das Buch nicht gelesen haben. Heutzutage gibt es Bausätze zu kaufen, mit denen du dir Frankensteins Monster selbst bauen kannst. Mehr über Frankenstein kannst du im Kapitel 8 nachlesen.

Mumie

Auch hier handelt es sich wieder um ein menschliches Monster. Mumien kommen fast ausschließlich in alten

Gruselfilmen und Comics vor. In Büchern trifft man sie seltener, vielleicht deshalb, weil fast alle Mumiengeschichten gleich sind. Die Mumie aus Gruselfilmen und -comics zeigt Übereinstimmungen mit dem Zombie: Auch hier geht es um eine wandelnde Leiche. Der Unterschied ist, dass die Mumie Jahrhunderte alt und von oben bis unten in Leinentücher verpackt ist.

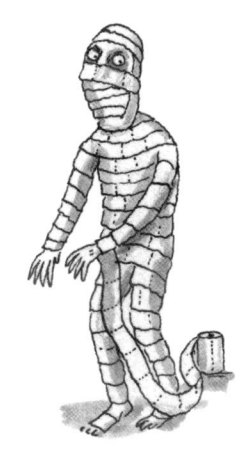

Vor Tausenden von Jahren wickelten die Ägypter ihre Toten in Tücher. Vorher wurde die Leiche balsamiert, dann in ein spezielles Bad getaucht und mit Salben und Ölen eingerieben. Diese Behandlung verhinderte, dass die Leiche verweste.

Eine Mumiengeschichte handelt immer von einer zwei- oder dreitausend Jahre alten Mumie, die plötzlich wieder lebendig wird, zum Beispiel dadurch, dass jemand die Grabstelle geöffnet hat. Leider ist die Mumie vollkommen verrückt, nachdem sie so lange tot war. Sie verlässt ihr Grab und ermordet jeden, der ihr in die Finger gerät.

Unter ihrer Verpackung ist sie nichts anderes als ein mit schrumpliger Haut überzogenes Skelett. Nach Tausenden von Jahren ist ihr Körper nicht verwest, wohl aber vollkommen vertrocknet. Ihre Bewegungen sind hölzern und steif wie die eines Zombies.

King Kong

King Kong war zum ersten Mal 1933 zu sehen, in einem
Film. Er ist ein riesiger Gorilla, der auf einer Insel im Indi-
schen Ozean lebt. Dort kämpft er mit prähistorischen Tieren, die auf dieser Insel offenbar nicht ausgestorben sind,
und wird von den Inselbewohnern als Abgott verehrt. Amerikanische Geschäftsleute bringen ihn nach New York, wo
er in einem Theater dem Publikum gezeigt wird, das für
dieses Vergnügen ziemlich viel Geld bezahlen muss. Aber
King Kong reißt sich los, stellt die Stadt auf den Kopf und
verliebt sich in eine Filmschauspielerin. Er flüchtet auf das
Empire State Building und wird schließlich von Flugzeugen
aus auf dem damals höchsten Bauwerk der Welt beschossen
und stirbt.

So mancher Gruselkünstler wischt sich bei King Kongs Tod eine Träne aus dem Auge, denn merkwürdigerweise ist das Monster in diesem Film *King Kong und die weiße Frau* aus dem Jahr 1933 sympathischer als die Menschen. Noch immer ist King Kong eines der populärsten Monster. Es gibt Puppen, Baukästen, Comics und alle möglichen mechanischen Spielzeugartikel und Videospiele von ihm im Handel. Nach King Kong wurden noch andere Filme über Riesenaffen gedreht, unter anderem *Panik um King Kong* (1949), doch kein einziger Affe erreichte King Kongs Ruhm. Genau wie bei Frankensteins Monster gilt hier: Du brauchst den Film nicht gesehen zu haben, um den Namen King Kong zu kennen. Er ist Gruselkünstlern ein Begriff.

Monsterspinnen

Außer vor großen Raubtieren – zum Beispiel Tigern, Krokodilen oder Haien – haben viele Menschen auch Angst vor einem ganz kleinen Tier, der Spinne. Filmemacher und Drehbuchschreiber nutzen diese Angst weidlich aus. Es gibt zahllose Filme, in denen Monsterspinnen vorkommen, unter anderem in *Tarantula* (1955) und *Arachnophobia* (1990). Auch in Büchern kriechen Riesenspinnen über die Seiten. Reichlich monsterhaft ist die Riesenspinne Shelob, die in dem Buch *Herr der Ringe* des englischen Autors J.R.R. Tolkien die Hobbits bedroht. In diesem Meisterwerk – von

Peter Jackson kongenial verfilmt – müssen die Hobbits Frodo und Sam, friedliche Wesen mit Haaren auf den Füßen, noch zahllose andere Monster ebenso wie Trolle, Drachen und Ringgeister besiegen, bis sie einen gefährlichen magischen Ring vernichten können.

Griechische Monster

In griechischen Mythen und Sagen über Götter und Helden kommen Monster in verschiedenster Gestalt vor. Es gab halbmenschliche und tierische Monster, und ihre Hauptaufgabe bestand darin, von Helden besiegt zu werden.

Cerberus

Die Griechen gingen davon aus, dass es eine Unterwelt gab, das Totenreich, das sie Hades nannten. Der Eingang zu dieser Unterwelt wurde von Cerberus bewacht, dem Höllenhund. Cerberus war ein Hund, vor dem sogar ein Pittbull davonlaufen würde. Er hatte drei Monsterköpfe und drei Schlangenschwänze. Cerberus sorgte dafür, dass kein Lebender das Totenreich betrat und dass kein Toter es verließ.

Medusa

Medusa war die jüngste von drei monsterartigen Schwestern, den Gorgonen. Auf ihrem Kopf wuchsen keine Haare, sondern Schlangen. Außerdem hatte sie große Eckzähne und Flügel. Medusa war die Gefährlichste von den dreien. Wer sie betrachtete, konnte später nicht davon berichten, denn sie konnte jemanden allein mit ihrem Blick in Stein verwandeln. Medusa wurde von dem heldenhaften Perseus enthauptet. Er blickte in die andere Richtung, auf seinen glänzenden Schild, in dem er Medusas Spiegelbild sah, als er ihr den Kopf abhackte. Später benutzte er ihren Kopf sogar noch, um einen Drachen zu besiegen: Er ließ den Drachen in ihre toten Augen schauen. Der Drache wurde zu Stein.

Zyklop

Zyklopen waren kolossale Riesen, die nur ein Auge mitten auf der Stirn hatten. Sie waren so groß, dass sie Berge aufeinanderstapeln konnten, als wären es Legosteine. Sie waren Menschenfresser. Einer von ihnen hieß Polyphemos und geriet mit dem griechischen Helden Odysseus aneinander.

Harpyien

Harpyien waren Monsterwesen, halb Frau und halb Vogel, mit Klauen an Händen und Füßen. Diese Monster taten nichts lieber, als Menschen zu quälen. Sie wurden auch Sturmvögel genannt, weil sie wie ein Blitz aus der Luft schossen und wie eine Sturmböe alles mit sich rissen. Was übrigblieb, beschmutzten sie mit ihrem Auswurf.

Zeus, der oberste Gott, nannte sie seine Jagdhunde. Er hetzte sie manchmal auf Menschen, die er für ihren Ungehorsam strafen wollte.

Minotaurus

König Minos von Kreta besaß ein unterirdisches Labyrinth, einen Irrgarten mit Hunderten von Räumen und Gängen. In diesem Labyrinth war der Minotaurus eingesperrt. Dieses Monster war halb Mensch und halb Stier. Es fraß nur Menschenfleisch, und wer sich zufällig in dem Labyrinth verirrte, wurde vom Minotaurus mit offenen Armen und offenem Maul empfangen.

Hydra

Dieses Monster, Wasserschlange oder auch Wasserdrache genannt, hatte neun Köpfe und war praktisch unbesiegbar, denn wenn man einen Kopf abschlug, wuchsen an dessen Stelle sofort zwei nach. Dem Helden Herakles gelang es aber doch, mit Hilfe seines Freundes Iolaos die Hydra zu schlagen. Wenn Herakles einen Kopf abgehackt hatte, verglühte Iolaos die Wunde sofort mit einem brennenden Holzscheit, sodass kein neuer Kopf nachwachsen konnte.

Drachen

Alten Geschichten zufolge stammt der Drache vom Wurm oder von der Schlange ab. Daher glaubte man im Mittelalter auch, dass Drachen unter der Erde lebten.
Westliche Drachen sind fast ausnahmslos angsteinflößende Monster. In den meisten Geschichten ist ein Drache eine

etwas zu groß geratene Eidechse mit
Flügeln oder eine geflügelte Schlange
mit Füßen.

Drachen können Feuer speien und alles verbrennen, was ihnen über den
Weg läuft. Sie haben einen oder mehrere Köpfe, manchmal sogar Dutzende.
Auch die Zahl der Beine variiert, von
zwei bis sechs oder noch mehr. Die
Flügel eines Drachen sind fledermausartige Schwingen.

Sein Körper ist mit einem Schuppenpanzer bedeckt, wodurch er schwer zu
töten ist. Er frisst Menschen und er
zerreißt und verschlingt Vieh. Elefanten gehören zu seinen
Lieblingsleckerbissen.

Groß und schrecklich ist der Drache Katla in *Die Brüder
Löwenherz* von Astrid Lindgren. Er führt mit der Riesenschlange Karm, einem Monster aus der Urzeit, einen Kampf
auf Leben und Tod.

Der Komodo-Drache

Richtige Drachen leben heutzutage auf der indonesischen
Insel Komodo. Der Komodo-Drache wurde 1912 entdeckt,
als ein Flugzeug auf der Insel notlandete. Der Drache spuckt
kein Feuer und hat keine Flügel. Er frisst Hirsche, die er
aus dem Hinterhalt überfällt. Mit den Kiefern bricht er das

Genick seines Beutetieres, bevor er es zerreißt. Der Komodo-Drache kann mehr als drei Meter lang werden.

Drachen und Schätze

Drachen hassen Menschen und sind verrückt nach Schätzen. In vielen Geschichten schlafen sie auf einem Berg mit Gold und Juwelen, so wie der Drache Smaug in dem Buch *Der kleine Hobbit* von J. R. R. Tolkien. Drachen haben einen sehr leichten Schlaf. Sobald jemand in die Nähe ihres Schatzes kommt, sind sie hellwach. Mögliche Diebe werden dann sofort geröstet.

Drachenblut

Wer im Blut eines Drachen badet, wird unverwundbar. Siegfried, ein Held der germanischen Sagen, wurde unverwundbar, nachdem er den Drachen Fafnir getötet und in seinem Blut gebadet hatte. Er konnte nach dem Trinken des Blutes sogar die Sprache der Vögel verstehen.

Drachenblut wurde von Hexen als machtvolles Zaubermittel betrachtet, und sie verwendeten es oft für ihre Tränke.

Nette Drachen

Es gibt einen deutlichen Unterschied zwischen Drachen aus dem Osten und aus dem Westen. Die östlichen Drachen, zum Beispiel in chinesischen und japanischen Geschichten, sind im Allgemeinen gutartig. Sie bringen Glück, und deshalb ist ein Drache in China ein wichtiges Symbol, das in die

Throne von Kaisern, in Boote, in Betten, Tischbeine, Stühle und sogar Särge geschnitzt wurde.

Ein gutartiger Drache ist Fuchur, der weiße Glücksdrache in dem Buch *Die unendliche Geschichte* von Michael Ende. Oder auch Ohnezahn aus Cressida Cowells Buchserie *Drachenzähmen leicht gemacht*.

Monster, die es wirklich gibt?

Auch in unserer Zeit gibt es überall in der Welt Geschichten über Monster. Nach der Meinung des verstorbenen Filmregisseurs Alfred Hitchcock war das zwanzigste Jahrhundert sogar die Zeit der Monster. Sie stapfen nicht nur über die Leinwand, sondern sie leben tatsächlich in Ozeanen und Seen, in abgelegenen Urwäldern und auf verschneiten Bergen.

Die Kraken

Ein legendäres Meerungeheuer ist die Krake, auch die Große Krake genannt. Es ist ein riesiger Tintenfisch, von dem Seeleute bereits im fünfzehnten und sechzehnten Jahrhundert berichteten. Doch sogar in unserem Jahrhundert, während des Zweiten Weltkriegs und danach, haben Matrosen in den Ozeanen Riesentintenfische gesehen, die schlimmer waren als jeder Alptraum. Sie sollen sechs bis über vierzig Meter lang gewesen sein, berichteten Walfänger, die auch gesehen haben, wie die Kraken mit ihren langen Fangarmen Walfische in die Tiefe hinunterzogen. Eine Krake hat zwei lange Fühler, mit denen sie ihre Beute ortet, und acht Fangarme mit Saugnäpfen. Mit ihrem papageiartigen Schnabel reißt sie die Opfer in Stücke.

Dieses Monster wird sehr beeindruckend in einem Film aus dem Jahr 1954 gezeigt: *20 000 Meilen unter dem Meer.* Er wurde nach einem Buch von Jules Verne aus dem Jahr 1870 gedreht.

Das Ungeheuer von Loch Ness

Weltberühmt ist Nessie, das Ungeheuer von Loch Ness in Schottland. Die Bezeichnung »Ungeheuer« ist vielleicht nicht mehr ganz angebracht, denn Nessie wird mehr geliebt als gefürchtet. Sie ist auch eines der wenigen Monster mit einem Kosenamen.

Loch Ness ist ein tiefer See von neununddreißig Kilometern Länge, der zwischen Bergen liegt. Seit 1933 ist Nessie dort unzählige Male auf Fotos festgehalten worden, aber leider war nie die haarscharfe, alles überzeugende Aufnahme dabei. Es gibt auch einen verschwommenen Film, auf dem etwas

Riesiges zu sehen ist, das sich über das Wasser erhebt. Es scheint jedenfalls sicher zu sein, dass irgendetwas im Loch Ness haust. Aber ob es nun eine Seeschlange oder ein prähistorisches Tier oder etwas anderes ist, weiß man immer noch nicht genau.

Um das Ungeheuer von Loch Ness geht es zum Beispiel in den Büchern *Last secrets – Das Geheimnis von Loch Ness* von Richard Dübell und *Alea Aquarius. Die Farben des Meeres* von Tanya Stewner.

Andere Seeungeheuer

Falls es Nessie wirklich gibt, ist sie nicht allein auf der Welt, denn auch andere Länder haben ihre Seeungeheuer. Im Okanagan-See in Kanada haust Ogopogo, ein schlangenartiges Tier von über zwanzig Metern Länge, das einen Schwanz und Schwimmflossen besitzt.

Manipogo ist ebenfalls eine Art Riesenschlange, die mit einer kompletten Monsterfamilie, Frau und Kind, im Manitobasee und im Winnipegosissee herumschwimmt.

Der schreckliche Schneemensch

Geschichten über den schrecklichen Schneemenschen gibt es schon seit 1832. Er lebt in Tibet, im Himalaya. Die Tibetaner nennen ihn Yeti, was »magisches Wesen« bedeutet. Noch heute taucht immer mal wieder irgendwo in einer Zeitung ein kleiner Bericht über riesige Fußstapfen auf, die im Schnee des Himalaya gefunden wurden. Fußstapfen sind der einzige Beweis, den Yeti hinterlässt, aber die sind dafür unübersehbar. Sie können fast einen halben Meter lang sein. Auch dieses Monster ist, genau wie das Ungeheuer von Loch Ness, von zahllosen Menschen gesehen worden. Die meis-

ten beschreiben Yeti als ein affenartiges Wesen, das zweieinhalb bis vier Meter groß ist. Er hat lange rote Haare, und sein Schädel ähnelt einer halben Kokosnuss. Bergführer behaupten, dass seine Füße umgedreht sind. Der Yeti ist enorm stark und kann Bäume aus der Erde reißen.

Der berühmte Bergsteiger Sir Edmund Hillary entdeckte riesige Fußstapfen im Schnee, als er 1953 den Mount

Everest bestieg. 1961 organisierte er eine Yeti-Expedition. Das Einzige, womit er zurückkam, war ein Schädel, der von dem Schneemenschen stammen könnte. Aber der Yeti selbst ließ sich nicht fangen.

Wer eine genauere Vorstellung von Yeti bekommen möchte, sollte *Tim in Tibet* von Hergé lesen.

Bigfoot

Der schreckliche Schneemensch hat einen Verwandten in Nordamerika. Dort nennen sie ihn Bigfoot, und in Kanada heißt er Sasquatch. Dieser Vetter macht es den Forschern auch nicht leichter, denn er hinterlässt ebenfalls nur Fußspuren. Doch gerade diese Fußspuren machen Bigfoot und den schrecklichen Schneemenschen so geheimnisvoll. Wenn du in deinem Garten Fußspuren findest, möchtest du doch auch gerne wissen, wer da war, vor allem wenn dieser Jemand Schuhgröße 78 hat.

Außerirdische Monster

BEMs

Vorläufig brauchen wir noch keine Angst zu haben, dass die Monster aussterben könnten. Weit weg im Weltall stehen neue Monster bereit, der Erde einen Besuch abzustatten. Außerirdische Monster leben auf anderen Planeten. Sie kommen vor allem in Science-fiction-Geschichten vor. Es gibt sie erst seit etwa hundert Jahren, in der ersten Hälfte dieses Jahrhunderts wurden sie BEMs genannt, das ist eine Abkürzung von »Bug Eyed Monsters« (Monster mit hervorstehenden Augen). Meist waren sie tintenfisch- oder insektenartige Wesen mit Stielaugen. Sie kamen immer auf die Erde, um Frauen zu stehlen oder um unseren Planeten zu erobern. Die bekannteste Geschichte über die BEMs ist *War of the Worlds* (*Der Krieg der Welten*), die der englische Autor H.G.Wells im Jahr 1887 schrieb. In diesem Buch wird die Erde von Marsbewohnern angegriffen, die aussehen wie riesige Quallen.

1938 machte der amerikanische Autor und Regisseur Orson Welles ein Rundfunkhörspiel aus diesem Stoff, das weltberühmt wurde. Während der Ausstrahlung brach in Amerika eine wahre Panik aus. Die Geschichte wurde so realistisch vorgetragen, dass viele Amerikaner glaubten, ihr Land würde tatsächlich von außerirdischen Monstern überfallen. Das Buch wurde 1953 auch verfilmt.

Aliens

Heutzutage wird für außerirdische Wesen die Bezeichnung »Aliens« benutzt. Abgesehen von einigen Ausnahmen wie E.T., dem süßen außerirdischen Wesen aus dem Film von Steven Spielberg, *E. T. – Der Außerirdische* (1982), haben sie noch immer böse Absichten.

»Zum Glück«, seufzt der Gruselkünstler, »sonst wird es ja langweilig.«

In dem gruseligen Science-fiction-Film *Alien – Das unheimliche Wesen aus einer fremden Welt* (1979) ermordet ein außerirdisches Wesen ganz allein die gesamte Besatzung eines Raumschiffs. Der Film war so erfolgreich, dass noch zwei weitere Folgen gedreht wurden.

Grausame, widerwärtige Monster

Schließlich gibt es noch eine Sorte von Monstern, von der berichtet werden muss. Sie werden in der superkurzen Kurzgeschichte *Der Posten* von Frederic Brown beschrieben. Die Geschichte findet sich in dem Buch *Flitterwochen in der Hölle* (Diogenes 1979).

Die Geschichte wird von jemandem erzählt, der mit seinem Raumschiff auf einem fremden Planeten gelandet ist. Auf diesem Planeten leben »die Fremden«, eine Rasse grausamer, widerwärtiger Monster, die Kriege führen ohne Verhandlungen und ohne jeden Versuch, Frieden zu schließen. Schon der Anblick dieser Wesen macht den Erzähler krank. Er wird sich nie an sie gewöhnen, sagt er. Sie sehen auch schon so erschreckend aus, »mit nur zwei Armen und zwei Beinen, mit dieser totenbleichen weißen Haut und ganz ohne Schuppen« …

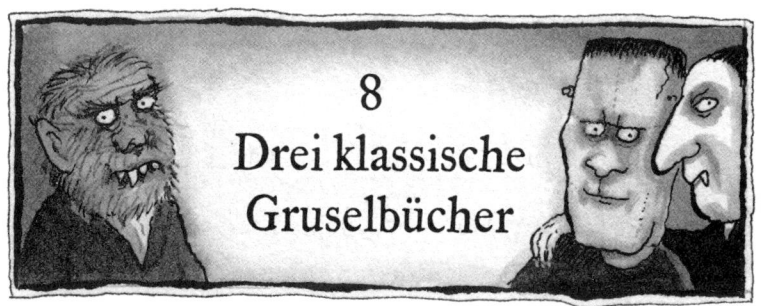

8
Drei klassische Gruselbücher

Von Jack Didden

Frankenstein

Im Sommer 1816 übernachteten vier Engländer, drei Männer und eine Frau, in einer Villa in der Schweiz. Es war ein hässlicher und düsterer Sommer. Der Regen prasselte unaufhörlich gegen die Scheiben der Villa Diodati. Das triste Wetter zwang jeden, im Haus zu bleiben. Der Anfang einer Gruselgeschichte? Ja. Aber anders, als du denkst!

Draußen war es kalt, und die vier Engländer suchten die Wärme des offenen Kamins in der Bibliothek. Zwei der Männer, Percy Bysshe Shelley und Lord Byron, waren Dichter und zu diesem Zeitpunkt bereits sehr berühmt. Byron und Shelley blätterten ein wenig in den Büchern und fanden ein paar Bände mit Gruselgeschichten, die aus dem Deutschen übersetzt waren. Shelley hatte schon früher seinen Schwestern mit selbsterfundenen Vampirgeschichten den Schrecken in den Leib gejagt. Jeder in der Gesellschaft wusste davon, und plötzlich hatte Lord Byron eine Idee: »Schreiben wir doch alle eine Gespenstergeschichte!«

Das war leichter gesagt als getan. Byron und Shelley hatten bald genug davon und begannen, an einem Gedicht zu arbeiten. Der dritte Mann, John Polidori, ein Arzt, dachte sich eine schwache Geschichte über eine Frau aus, die mit einem Totenkopf durchs Leben gehen muss. Shelleys Geliebter und späterer Ehefrau, der damals 19-jährigen Mary Wollstonecraft, fiel erst einmal überhaupt nichts ein.

Eines Nachts wälzte sie sich in ihrem Bett. An diesem Abend hatten ihr Mann und Byron über die Entstehung des Lebens gesprochen. »Vielleicht«, hatte Byron gesagt, »entdeckt jemand eines Tages, wie man selbst Leben herstellen kann.« Dieser Satz ging Mary nicht aus dem Kopf, und plötzlich wusste sie, wo-  von ihre Geschichte handeln sollte. In ihrer Fantasie entstand ein Medizinstudent, der versuchte, aus Leichenteilen ein lebendes Wesen zusammenzusetzen. Aber dieses Wesen sollte ein Monster werden, und der Student sollte voller Panik vor seinem eigenen Geschöpf fliehen.

Dies war der Beginn von *Frankenstein oder der moderne Prometheus*. (Prometheus stammt aus der griechischen Mythologie; er machte den ersten Menschen aus Ton.) Mary schrieb eine kurze Geschichte über das, was sie geträumt hatte. Shelley meinte, sie solle doch lieber ein ganzes Buch über dieses Thema schreiben. Mary machte sich ans Werk, und zwei Jahre später wurde der Roman veröffentlicht.

Die Geschichte wird von Kapitän Walton erzählt, einem englischen Entdeckungsreisenden, der mit seinen Helfern auf einer Reise zum Nordpol ist. Unterwegs finden sie in einem Schlitten einen ausgehungerten und halb erfrorenen Mann. Sie holen ihn an Bord, und nachdem er etwas gegessen und getrunken hat, erzählt der Fremdling, der sich als Victor Frankenstein vorstellt, seine Lebensgeschichte. Er berichtet, wie er anfing, in Ingolstadt Chemie zu studieren, und wie ihn die Frage, wie Leben entstehe, nicht mehr losließ. Er studierte die Zusammensetzung des menschlichen Körpers, und plötzlich fand er heraus, wie er ein lebendes Wesen machen konnte. (Er weigerte sich nachdrücklich, die Methode zu erklären.) Aber als es ihm gelungen war, erschrak er vor dem Wesen, das er gemacht hatte, weil es so hässlich war, und floh. Als er später in sein Labor zurückkam, war das Monster verschwunden.

Frankenstein war vollkommen durcheinander und brauchte über ein Jahr, um wieder zur Ruhe zu kommen,

doch dann musste er einen neuen Schock verkraften: Sein kleiner Bruder William wurde von einem Unbekannten ermordet. Frankenstein kehrte zu seinem Elternhaus zurück und fand bald heraus, dass sein Monster der Mörder war. Er wagte es niemandem zu erzählen, und eine unschuldige Frau wurde zu Unrecht verdächtigt und hingerichtet. Eines Tages suchte das Monster Frankenstein auf und erklärte ihm, dass es den abscheulichen Mord deshalb begangen hatte, weil alle Menschen es wegen seines Aussehens hassten. Es gab seinem Schöpfer die Schuld daran, und um sich an Frankenstein zu rächen, hatte es den Jungen umgebracht. Seine Rachegefühle würden nur dann verschwinden, sagte es, wenn es nicht mehr so einsam wäre, und deshalb forderte es Frankenstein auf, eine Frau für ihn zu machen. Frankenstein stimmte erst zu, doch später brach er sein Versprechen, weil er nicht zum Schöpfer einer ganzen Rasse solcher Monster werden wollte.

Er machte eine Frau für das Monster, vernichtete sie aber wieder. Das Monster tobte. Aus Wut ermordete es Frankensteins besten Freund, seine Frau und seinen Vater. Frankenstein machte sich auf die Jagd nach dem Monster. Schließlich führte ihn die Verfolgung zum Polarkreis, wo er von Walton und seiner Besatzung gefunden wurde. Trotz der Fürsorge des Kapitäns stirbt Frankenstein. Unmittelbar nach seinem Tod steigt das Monster an Bord. Es erzählt Walton, dass mit dem Tod Frankensteins seine Rache ein Ende gefunden habe. »Ich werde auch bald sterben, und was ich nun fühle, werde ich nicht mehr lange fühlen.« Das Monster springt auf eine Eisscholle und verschwindet in der Dunkelheit der Polarnacht.

Das Buch war ein ungeheurer Erfolg und ist es bis zum heutigen Tage geblieben. Es war der einzige Bestseller, den Mary Shelley schrieb. Ihre anderen drei Bücher waren nicht sehr erfolgreich. Eines von ihnen, *Der letzte Mensch*, war eine Art Science-fiction-Roman, in dem die ganze Menschheit bis auf einen einzigen Mann an den Folgen einer schrecklichen Epidemie ausstirbt. Die Idee wurde später von anderen Schriftstellern aufgegriffen, zum Beispiel von Stephen King in *The Stand – Das letzte Gefecht*, doch Marys Buch wird nicht mehr gelesen. Ihr Name wird für alle Zeit mit *Frankenstein* verbunden bleiben.

Dracula

Der seltsame Sommer in der Villa Diodati sollte noch zu einem anderen populären Buch führen. John Polidori hatte sich, wie gesagt, eine ziemlich flache Geschichte überlegt. Er war auch nicht so glücklich damit, und 1819, ein Jahr nach der Publikation von *Frankenstein,* versuchte er es erneut mit *The Vampyr (Der Vampir)*. Dieses Buch ist wichtig, es war der erste Roman, in dem ein Vampir die Hauptrolle spielte. Das Buch selbst war kein Erfolg, weil es so schlecht geschrieben war. Zwei Jahre nach seinem Erscheinen beging Polidori

Selbstmord, aus Enttäuschung darüber, wie schlecht sich das Buch verkaufte.

Irgendwie machten die Geschichte und ihre Hauptfigur allerdings doch Eindruck. Theaterstücke wurden nach ihm geschrieben und sogar eine Oper. 1992 wurde der Stoff zu einer BBC-Fernsehserie verarbeitet.

Ein neuer Kult war geboren. Die Leute konnten nicht genug von dieser Art Geschichten bekommen. Im Jahr 1872 erschien dann endlich der erste weibliche Vampir in *Carmilla*, einer Geschichte des Iren Joseph Sheridan Le Fanu. Fast dreißig Jahre später, 1897, trat der berühmteste von allen an die Öffentlichkeit: Dracula. Er stammte von einem anderen Iren, Bram Stoker.

Graf Dracula sah genauso aus wie seine Vorgänger, aber es gab einen großen Unterschied: Dracula stammte nicht aus England, sondern aus Transsylvanien in Rumänien. Das machte alles noch spannender und geheimnisvoller. Der Autor hatte schon vorher einige Gruselbücher geschrieben, zum Beispiel *Die Höhle der weißen Schlange*. Diese Bücher waren allerdings nicht sehr erfolgreich gewesen. Dann halte er einmal einen Traum, in dem ein Vampir die Hauptrolle spielte (wenigstens hat Stoker das später behauptet). Aber wie sollte er ihn nennen?

Er kam auf die Idee mit Dracula, nachdem er einen ungarischen Gelehrten, Professor Arminius Vámbéry, kennengelernt hatte. Sie dinierten oft zusammen, und Stoker war fasziniert von den Geschichten über einen blutrünstigen Prinzen, die sein gelehrter Freund erzählte. Dieser Prinz hatte im fünfzehnten Jahrhundert in Transsylvanien gelebt, hieß Vlad Tepes und wurde Dracula genannt. Nachdem Vambery nach Ungarn zurückgekehrt war, holte Stoker brieflich Erkundigungen über den seltsamen Herrn aus

dem fünfzehnten Jahrhundert ein. Transsylvanien mit seinen dunklen, undurchdringlichen Wäldern schien ihm ein fantastischer Hintergrund für eine Vampirgeschichte zu sein. Was Stoker nicht von dem Professor erfuhr, versuchte er im Britischen Museum in London herauszufinden. Er las jedes Buch, in dem etwas über den echten Dracula stand, aufmerksam durch. Alle Landkarten dieses Gebiets, die er auftreiben konnte, studierte er. Leider machte er trotzdem einen kleinen Fehler. Im Buch steht Draculas Schloss am Borgóer Pass. In Wirklichkeit stand es am Fluss Arges, etwas weiter östlich.

Die Geschichte, die heute noch ebenso spannend ist wie vor hundert Jahren, wird in Form von Briefen und Tagebuchfragmenten erzählt. Ein junger Engländer, Jonathan Harker, reist zu Graf Dracula, weil dieser ein Landhaus in England gekauft hat. Jonathan steht im Dienst eines Advokaten und hat die Papiere zur Regelung des Ankaufs bei sich. Er soll auch dem Grafen bei seinem Umzug nach England helfen. Jonathan entdeckt bald, dass sein Gastgeber ein Vampir ist. Er kann später aus dem Schloss fliehen, aber da ist Dracula schon in England. Er ist mit neun Särgen in dem Fischerstädtchen Whitby an Land gekommen, wo Jonathans Verlobte Mina mit ihrer Freundin Lucy gerade den Urlaub verbringt.

Lucy wird Draculas erstes Opfer in England. Als sie im Sterben liegt, ruft einer ihrer Freunde, Doktor Jack Seward, seinen ehemaligen Lehrmeister, Professor Abraham van Helsing, zu Hilfe. Dieser Amsterdamer Gelehrte entdeckt, dass Lucy von einem Vampir gebissen worden ist. Als es ihm nicht gelingt, ihr Leben zu retten, muss er Seward, Quincey Morris (einen Freund) und Arthur Holmwood, Lucys Verlobten, davon überzeugen, dass Lucy nun ein Vampir ist und dass es nur eine Methode gibt, ihr zu helfen. Mit Tränen in den Augen treibt der Verlobte einen Stab durch Lucys Herz und erlöst sie dadurch von einer elenden Existenz als Vampir. Dann beginnt die Jagd auf Dracula.

Neben dem Haus, das Dracula gekauft hat, befindet sich eine Irrenanstalt, deren Direktor Jack Seward ist.

Einer seiner Patienten, Renfield, »fühlt«, dass Dracula in der Nähe ist.

Eines Tages flüchtet er und zeigt van Helsing auf diese Weise, wo sich Draculas neuer Wohnort befindet. Seward und die Anderen entdecken, dass einige Särge fehlen (Jonathan weiß ja genau, wie viele Särge Dracula verschifft hat). Sie machen sich auf die Suche und entdecken, dass die Särge auf drei Londoner Adressen verteilt sind. Diese spüren sie auf und treffen endlich Dracula selbst. Der Vampir fühlt sich so in die Enge getrieben, dass er wieder nach Transsylvanien flieht. Weil inzwischen auch Jonathans Ehefrau Mina gebissen worden ist, »träumt« sie, wo Dracula sich genau befindet. Deshalb können sie ihm den Weg abschneiden, bevor er in das Schloss fliehen kann. Direkt vor den Schlossmauern kommt es zu einem kurzen heftigen Gefecht mit den Zigeunern, die Dracula in seiner Kiste transportieren. Quincey Morris gelingt es, sein großes Messer direkt durch Draculas Herz zu stechen, und der Vampir zerfällt zu Staub. Mina ist im letzten Moment gerettet worden, aber Quincey stirbt an den Verwundungen, die er sich bei dem Kampf zugezogen hat.

Der Held des Buchs ist übrigens nicht Jonathan, sondern der niederländische Professor Abraham van Helsing, der alles über Vampire weiß. Es ist natürlich kein Zufall, dass er denselben Vornamen trägt wie der Autor selbst (Bram ist die Abkürzung von Abraham).

Fast alles, was wir über Vampire wissen, ist in *Dracula* zu finden: die Abscheu der Vampire vor Spiegeln (sie haben kein

Spiegelbild), ihre äußere Erscheinung (hypnotisierende Augen), ihre Angst vor Knoblauch und Kruzifixen, ihre Fähigkeit, sich in Fledermäuse oder in Wölfe zu verwandeln, und so weiter.

Dracula ist der wichtigste Vampirroman. Ein Gruselfan muss dieses Buch gelesen haben. Im zwanzigsten Jahrhundert haben einige Autoren Graf Dracula als Hauptfigur benutzt, zum Beispiel Dan Simmons in *Kinder der Nacht.*

Dr. Jekyll und Mr. Hyde

Das letzte Buch ist ebenfalls ein echter Klassiker unter den Gruselbüchern, nämlich *Dr. Jekyll and Mr. Hyde* (1886) von Robert Louis Stevenson, das unter dem Titel *Der seltsame Fall des Dr. Jekyll und Mr. Hyde* 1889 erstmals auf Deutsch erschien.

Stevenson hat in seinem kurzen Leben (er starb mit vierundvierzig Jahren) viele spannende Bücher geschrieben. Das berühmteste ist *Die Schatzinsel,* aber auch *Dr. Jekyll und Mr. Hyde* wird noch immer viel gelesen. Auch dieses Buch soll aus einem Traum heraus entstanden sein, einem Traum über »einen Mann, der zwei Männer war«.

Utterson, ein Advokat in London, beobachtet, wie ein sehr missgestalteter Mann, der sich Edward Hyde nennt, ein Mädchen misshandelt. Der Name Hyde kommt ihm bekannt vor. Zu Hause liest er im Testament Doktor Jekylls nach, dass dieser – falls er stirbt oder länger als drei Monate verschwunden ist – seinen gesamten Besitz einem

Mr. Hyde hinterlässt. Der Advokat wird neugierig und stellt Nachforschungen an. Er schaltet auch einen Kollegen von Doktor Jekyll ein, einen gewissen Doktor Lanyon, doch dieser will nicht viel sagen. Utterson vermutet, dass der abscheuliche Hyde Doktor Jekyll erpresst. Beweise dafür findet er aber nicht.

Dann wird Sir Danvers Carew ermordet. Schon bald stellt sich heraus, dass Hyde der Täter ist. Zu Uttersons Verblüffung kommt Doktor Jekyll mit einem Brief an, in dem Hyde schreibt, er würde nun für immer verschwinden. Doch dann wird es noch seltsamer. Utterson identifiziert nämlich den Stock, mit dem Sir Danvers Carew totgeschlagen wurde, als den von Doktor Jekyll. Außerdem erklärt ein Wissenschaftler, dass die Handschriften der beiden Männer genau gleich seien. Was ist los?

Eines Abends erscheint Jekylls Butler, um den Advokaten zu holen. Sein Herr hat sich schon seit Wochen in seinem

Laboratorium eingeschlossen. Utterson und der Butler brechen die Tür auf und finden Hydes Leichnam, daneben eine Flasche Gift. Von Doktor Jekyll fehlt jede Spur. Allerdings finden sie eine Menge Papiere. Inzwischen ist auch Doktor Lanyon gestorben. Er hinterlässt einen Brief für Utterson, der aber erst nach Jekylls Tod geöffnet werden darf. Aus den Papieren und dem Brief wird klar, was geschehen ist. Jekyll war fasziniert von der Vorstellung, was wohl passieren würde, wenn man die eigenen bösen Wünsche ans Licht bringt. Er stellte einen Saft her, der alles Böse in ihm wachrief. Trank er ihn, so wurde er der monsterartige und nur böse Mr. Hyde. Dieser Hyde wurde immer stärker. Jekyll merkte, dass er sich auf die Dauer auch ohne den Saft in Hyde verwandeln würde. Und weil er nicht noch mehr Missetaten auf sein Gewissen laden wollte, beging er schließlich Selbstmord.

Stevensons Roman – den er in drei Tagen schrieb! – wurde ein riesiger Erfolg. Eigentlich passt das Buch nicht ganz in dieses Kapitel. Der größte Unterschied zu den anderen beiden Klassikern besteht darin, dass kein wirkliches Monster in ihm vorkommt. Mr. Hyde sieht vielleicht aus wie das Monster in *Frankenstein,* aber er ist und bleibt Doktor Jekyll in einer anderen Gestalt. Stevenson schrieb das Buch auch nicht als Gruselbuch, sondern eher, um den Menschen seiner Zeit zu zeigen, dass in jedem von uns etwas Böses ist. Es ist also fast eine Werwolfgeschichte. Weil später nach diesem Buch viele Gruselfilme gedreht wurden, rechnen wir es dennoch zu den klassischen Gruselbüchern.

Diese drei großen britischen Gruselklassiker für Erwachsene wurden im neunzehnten Jahrhundert geschrieben. Das ist nicht verwunderlich. Die Briten sind verrückt nach geheimnisvollen Erscheinungen, und vor über hundert Jahren war diese Vorliebe eher noch stärker. Damals fühlten sich die Menschen in ihrer eigenen, sich schnell verändernden Welt nicht sehr wohl und interessierten sich für alles, was ungewohnt war. So gab es ein großes Interesse am Mittelalter, an alten Märchen und an übernatürlichen Phänomenen. Vampire, Geister, Monster – die Briten des neunzehnten Jahrhunderts konnten nicht genug davon bekommen. Eigentlich ist das bis heute so geblieben. Nirgends werden so viele Gruselbücher für Kinder und Jugendliche geschrieben wie dort. Wenn du Gruselbücher magst, solltest du also Englisch lernen, dann bist du für die nächsten Jahre versorgt.

9
Gruselbücher
für Kinder

In der folgenden Liste findest du viele Bücher, die richtig gruselig sind, aber auch einige, über die man lachen kann. Und manche sind sogar gruselig und lustig zugleich.

Abedi, Isabel: *Unter der Geisterbahn.* **Loewe 2013. Ab 10**
Ein echter Geist taucht plötzlich in der Geisterbahn auf. Für Lorenzo und Gina beginnt eine abenteuerliche Reise.

Aiken, Joan: *Wölfe ums Schloss.* **dtv 2017. Ab 10**
Während ihre Eltern auf Reisen sind und das Geheul hungriger Wölfe durch die Schlossmauern dringt, ist Bonnie der Obhut der skrupellosen Gouvernante überlassen.

Barks, Carl: *Donald Duck 04.* **Egmont Comic Collection 2013. Ab 10**
Darin enthalten ist u. a. die Geschichte *Wudu-hudu-Zauber oder Ein Zombie geht durch die Stadt.*

Bass, Guy: *Stichkopf. Bde. 1–2.* Fischer KJB 2015. Ab 8
Auf der Burg zu Grottenow lebt, zusammengeschustert und
zum Leben erweckt von einem verrückten Professor, der
kleine Stichkopf. Stichkopf ist das treuste Geschöpf, das
man sich vorstellen kann.

Black, Holly: *Die Spiderwick-Geheimnisse. Bde. 1–8* cbj
2009–2012. Ab 8
Es spukt im verwinkelten viktorianischen Haus, in das die
Zwillinge Jared und Simon mit ihrer Schwester Mallory
einziehen. Und bald schon wird klar: Das Haus birgt mehr
als nur ein Geheimnis.

Brandis, Katja: *Woodwalkers. Bde. 1–3.* Arena 2016/17.
Ab 10
Auf den ersten Blick sieht Carag aus wie ein normaler
Junge. Doch hinter seinen leuchtenden Augen verbirgt sich
ein Geheimnis: Carag ist ein Gestaltwandler.

Dahl, Roald: *Hexen hexen.* Rowohlt (Rowohlt Rotfuchs)
1990. Ab 10
Die Welt von Hexen zu befreien, ist gar nicht so einfach für
einen Jungen, der in eine Maus verwandelt worden ist. Eine
Geschichte über *echte* Hexen, die aussehen wie ganz normale Frauen.

Dickens, Charles: *Eine Weihnachtsgeschichte.* Dressler
(Dressler Kinder-Klassiker) 2015. Ab 10
Der alte Geizhals Scrooge wird von den Geistern der
Weihnacht heimgesucht, die ihm seine Fehler zeigen.

Doyle, Arthur Conan: *Sherlock Holmes. Der Hund von Baskerville.* cbj 2005. Ab 10
Der Fluch der Baskervilles lastet auf Sir Hugo. Um nicht
ebenfalls ein Opfer der schrecklichen Prophezeiungen zu
werden, bittet er Sherlock Holmes um Hilfe.

Dragt, Tonke: *Das unheimliche Fenster … und andere Ge-
schichten aus der magischen Zeit.* Beltz & Gelberg 2004. Ab 10
Sechs unheimliche Geschichten, besonders für Fans von
Fantasy und Märchen.

Dübell, Richard: *Last secrets – Das Rätsel von Loch Ness.*
Baumhaus 2015. Ab 10
Die Zwillinge Franziska und Fynn sollen die letzten gro-
ßen Rätsel der Welt lösen! Ihre erste Aufgabe führt sie nach
Schottland zum sagenumwobenen Loch Ness …

Ende, Michael: *Der satanarchäolügenialkohöllische Wunsch-
punsch.* Thienemann 2007. Ab 10
Der Zauberer Beelzebub Irrwitzer und seine Tante Ty-
rannja Vamperl haben Schwierigkeiten, ihr Soll an bösen
Taten zu erfüllen …

Ende, Michael: *Die unendliche Geschichte.* Thienemann 2004. Ab 13

Zusammen mit dem Krieger Atréju und dem Glücksdrachen Fuchur macht sich Bastian auf eine aufregende Reise durch Phantásien, in der bald jede Minute zählt.

Fleischman, Sid: *Das Geheimnis im 13 Stock.* Carlsen 2006. Ab 10

Tante Abigail, die schon seit über 300 Jahren tot ist, hinterlässt eine Nachricht bei Liz und Buddy auf dem Anrufbeantworter. Als die beiden der Sache nachgehen, kommen sie durch ein 13 Stockwerk, das es eigentlich gar nicht geben dürfte.

Funke, Cornelia: *Gespensterjäger Bde. 1–4.* Loewe 2009–2017. Ab 8

Die Gruselexperten Hedwig Kümmelsaft, Tom Tomsky und Hugo vertreiben schleimige Gespenster, Feuergeister, eine blutige Baronin und vieles mehr.

Funke, Cornelia: *Zwei wilde kleine Hexen.* Oetinger 2011. Ab 8

Lilli und Rosanna wollen das Hexen lernen – und zaubern aus Versehen eine echte Hexe herbei.

Funke, Cornelia: *Kleiner Werwolf.* **Oetinger 2011. Ab 8**
Moritz, genannt Motte, wird von einem seltsamen Hund
gebissen. Der Hund war ein Werwolf, aber das merkt
Motte erst, als er sich selbst in einen verwandelt.

Hergé: *Tim und Struppi. Tim in Tibet. Bd. 19.* **Carlsen Comics 2011. Ab 8**
In der lebensfeindlichen Gebirgswelt des Himalaya
suchen Tim und Kapitän Haddock nach ihrem Freund
Tschang.

Ibbotson, Eva: *Das Geheimnis der Geister von Craggyford.*
dtv junior 2013. **Ab 10**
Eines Morgens taucht eine ganze Gespensterfamilie an
Ricks Bett auf! Die Gespenster erhoffen sich von ihm Hilfe
in einer misslichen Situation.

Ibbotson, Eva: *Das Geheimnis des wandernden Schlosses.* **dtv
junior 2008. Ab 10**
Eine witzige Geistergeschichte über ein schottisches Spukschloss, das nach Amerika verkauft wird.

Kaiblinger, Sonja: *Scary Harry. Bde. 1–6.* **Loewe 2013–
2017. Ab 10**
Kultige Kinderbuch-Reihe um den Jungen Otto, seine
Freundin Emily und Sensenmann Harold, die spannende,
lustige und Geist-reiche Abenteuer erleben.

Kent, Gabrielle: *Alfie Bloom. Bde. 1–3.* Egmont Schneiderbuch 2015–2017. Ab 10
Durch eine geheimnisvolle Erbschaft ist Alfie der stolze Besitzer seiner eigenen Burg geworden, in der es vor Überraschungen nur so wimmelt.

Kerr, Philip: *Die schaurigste Geschichte der Welt.* Rowohlt 2016. Ab 11
Billy betritt eine Buchhandlung mit dem Namen »Das Spukhaus der Bücher«. Die Bücher dort sind so unheimlich, so gruselig, so schaurig, dass derjenige, der sie liest, danach nicht mehr derselbe ist.

Kreitz, Isabel: *Nachtschatten. 13 Geschichten zum Fürchten.* Aladin 2013. Ab 10
Die Hamburger Ausnahmekünstlerin Isabel Kreitz hat ihre 13 liebsten Gruselgeschichten ausgewählt und mit einem feinen Gespür für das Unheimliche illustriert.

Lewis, C.S.: *Die Chroniken von Narnia. 7 Bde.* Ueberreuter 2014. Ab 10
Heimat der sprechenden Tiere und einer bösen Zauberin … wo Wunder geschehen und eine neue Welt geboren wird.

Linde, Gunnel: *Hilfe! Ich bin ein Werwolf.* Hörbuch. Audiolino 2010. Ab 8
Der schüchterne Ulf setzt sich plötzlich handgreiflich gegen seine Klassenkameraden zur Wehr. Warum das so ist? Die Lektüre diverser Bücher bringt die Lösung: Er ist von einem Werwolf gebissen worden und seine Verwandlung unaufhaltsam!

Lindgren, Astrid: *Die Brüder Löwenherz.* Oetinger 1974. Ab 10
Jonathan und Krümel treffen sich nach ihrem Tod in dem geheimnisvollen Paradies, in dem alle Menschen friedlich zusammenleben. Doch das Leben dort wird von einem grausamen Tyrannen bedroht – und damit beginnt ein aufregendes Abenteuer für die Brüder Löwenherz …

Llewellyn, Tom: *Das Haus, in dem es schräge Böden, sprechende Tiere und Wachstumspulver gibt.* Gulliver 2016. Ab 10
Ein schaurig-schräges Abenteuer über eine ganz normale Familie in einem ungewöhnlichen Zuhause.

Lüftner, Kai: *Die Finstersteins. Bde. 1–2.* Coppenrath 2016/17 Ab 9
Freds Leben ist ziemlich verrückt – kein Wunder, er wohnt auf dem Friedhof …

Meyer, Stephenie: *Bis(s)*. *Bde. 1–4*. Carlsen 2010–2015.
Ab 14
Die Twilight-Saga um Bella und Eward.

Morgenroth, Matthias: *Freunde der Nacht*. dtv junior 2015.
Ab 8
Jojo und Lea wollen in der Mittsommernacht ein Johannis-feuer entzünden und sich dabei etwas wünschen. Nur leider geht alles schief, und ein schauriges Abenteuer beginnt.

Osborne, Mary Pope: *Das magische Baumhaus – Geister in der Nebelnacht*. Loewe 2011. Ab 8
Anne und Philipp sollen im Viktorianischen London dem Schriftsteller Charles Dickens zur Seite stehen. Nach einem gruseligen Erlebnis erkennen die beiden, welche bösen Geister den Schriftsteller quälen.

Preußler, Otfried: *Krabat*. Thienemann 2016. Ab 12
Durch einen Traum gelangt der 14-jährige Krabat zu einer unheimlichen Mühle und geht dort in die Lehre. Der Mül-ler ist jedoch ein Magier, der sich dem Bösen verschrieben hat und seine Lehrlinge für immer an sich bindet.

Priestley, Chris: *Onkel Montagues Schauergeschichten*. Oetinger 2014. Ab 12

Onkel Montague ist einfach der beste Geschichtenerzähler! Bei flackerndem Kaminfeuer erzählt er so Gruseliges, dass Edgar eine herrliche Gänsehaut über den Rücken läuft.

Priestley, Chris: *Schauergeschichten vom Schwarzen Schiff*. Oetinger 2015. Ab 12

Ein geheimnisvoller Seemann klopft an die Tür eines alten Hauses und bittet um Unterschlupf. Die Kinder Ethan und Cathy gewähren ihm Einlass und lauschen seinen schaurigen Geschichten.

Rowling, Joanne K.: *Harry Potter*. Carlsen 1997–2007. Ab 10

Harry Potter und seine fantastischen Abenteuer in der Zaubererschule Hogwarts.

Santini, Bertrand: *Hugo und die Dämonen der Nacht*. Jacoby & Stuart 2017. Ab 12

Hugo ist ein Junge mit sehr viel Fantasie. Nun ist er tot, wie ihm scheint ermordet von seinem habgierigen Onkel … Die Geister vom alten Friedhof wollen Hugo dabei helfen, sich zu rächen und ins Leben zurückzukehren.

Santini, Bertrand: *Der Yark.* Jacoby & Stuart 2014. Ab 10
Ein schreckliches Ungeheuer, das gerne artige Kinder frisst.
Nur leider werden die immer seltener. Doch dann lernt er
ein besonderes Mädchen kennen.

Städing, Sabine: *Magnolia Steel. Trilogie.* Boje 2012–2014.
Ab 10
Magniolas Welt gerät aus den Fugen, als sie von ihrer Tante
Linette erfährt, dass sie eine Hexe ist, denn ebenso wie ihre
Tante entstammt sie einer Familie von Hexen. Nun muss
Magnolia beweisen, dass sie das Zeug zu einer echten Hexe
hat.

Storm, Theodor: *Der Schimmelreiter. Weltliteratur für Kin-*
der. **Neu erzählt von Barbara Kindermann. Kindermann**
2017.Ab 7
Hauke Haien will einmal sichere Deiche bauen und Deich-
graf werden. Doch kann er seine Vision verwirklichen?
Und was hat es mit seinem Schimmel auf sich, in dem
nach Ansicht der Dorfbewohner der Teufel steckt? Als eine
Jahrhundert-Sturmflut Nordfriesland erschüttert, geht es
um Leben und Tod …

Tolkien, J. R. R., *Der kleine Hobbit.* **dtv 2016. Ab 12**
Die Vorgeschichte zu *Herr der Ringe.* Bilbo Beutlin, ein an-
gesehener Hobbit, soll den Zwergenschatz, den der Drache
Smaug einst gestohlen hatte, wieder zurückzuholen.

Weston, Robert Paul: *Die Monsterabteilung.* Jacoby & Stuart 2014. Ab 8
Die beiden 12-Jährigen Elliot und Leslie retten mithilfe völlig verrückter Monster das Unternehmen DENKi-3000 vor einer feindlichen Übernahme. Charlie und die Schokoladenfabrik trifft auf Die Monster AG!

Weston, Robert Paul: *Die Ghorks.* Jacoby & Stuart 2015. Ab 8
In der Fortsetzung der international erfolgreichen Monsterabteilung stürzt ein singendes Telegramm die Monsterabteilung erneut ins Chaos. Können Elliot und Leslie vor dem Abendessen eine ganze Gang heißhungriger Ghorks abwehren?

Wildner, Martina: *Das schaurige Haus.* Gulliver 2016. Ab 11
Ein verfluchtes Haus, Alpträume und eine wirklich nette Familie …

10
Wir werden schon sehen,
was passiert ...

Paul van Loon übers Gruseln

Im Jahr 1990 schrieb ich den ersten Band der Reihe *De Grie-
zelbus* (*Der Gruselbus*). Auf der letzten Seite bat ich die Leser,
mir zu schreiben, wie es ihnen gefallen hat. Hunderte von
Briefen kamen und kommen noch immer. Viel mehr, als ich
erwartet hatte. In vielen Briefen wurde ich um Hintergrund-
informationen über die unheimlichen Gestalten gebeten, die
in meinen Geschichten vorkommen, oder ich wurde gefragt,
ob ich andere Gruselbücher empfehlen könne. Deshalb be-
schloss ich, das Gruselhandbuch zu machen.
»Warum schreibst du vor allem Gruselgeschichten?«, fragen auch viele Kinder. Die Antwort ist einfach: »Weil es mir
Spaß macht.« Ich habe früher selbst gerne Gruselgeschichten gelesen, aber damals gab es fast noch überhaupt keine
Gruselbücher für Kinder. Als ich zehn Jahre alt war, war eines meiner Lieblingsbücher *Das Sagenbuch der Provinz Lim-
burg*, das im Bücherschrank meines Vaters stand. Darin fand
ich Geschichten über Geister und Werwölfe.

Aber das erste Mal richtig gegruselt habe ich mich in der Grundschule. Mein Lehrer (in meiner Schule war das ein Mönch) las eine Geschichte über ein Mädchen vor, das sich im Dunkeln im Wald verirrt hatte. Sie landete in einer einsamen Hütte. Während sie sich ängstlich umblickte, erschien draußen vor dem Fenster plötzlich das Gesicht eines ekligen Männchens mit spitzen Ohren und einem teuflischen Grinsen. Dieser Moment, ein unheimliches Gesicht am Fenster – das bedeutet Gruseln. Unheimlich, aber hübsch unheimlich, weil es nur eine Geschichte war. Es ist auch das Einzige, woran ich mich aus dieser Geschichte erinnere. Ich weiß nicht mal mehr, wie das Buch hieß.

Mit meinen Gruselgeschichten versuche ich das Gleiche: Ich will unerwartet am Fenster ein unheimliches Gesicht erscheinen lassen, das den Leser anblickt.

Beim Schreiben von Gruselgeschichten können auch seltsame Dinge passieren. Ich machte eine merkwürdige Erfahrung, als ich das Buch *Gezicht in de mist* (*Gesicht im Nebel*, nicht auf Deutsch erschienen) schrieb. Es handelt von einem Jungen mit magischen Kräften und spielt teilweise in der Geisterwelt.

Wie bei allen meinen Büchern arbeitete ich meist nachts daran. Diesmal aber bemerkte ich etwas Seltsames. Jede Nacht, ungefähr um Viertel vor eins, hörte ich ein leises Klopfen. Es dauerte nicht länger als zwanzig Sekunden, und es schien aus der Wand zu kommen. Während der acht Monate, die ich an dem Buch schrieb, wurde jede Nacht zur selben

Zeit geklopft. Als die Uhr wegen der Sommerzeit um eine Stunde verschoben wurde, hörte ich das Klopfen um Viertel vor zwei. Das Merkwürdige war, dass das Geräusch aus der Wand zwischen zwei Zimmern kam. Also nicht von der Seite der Nachbarn. Sonst hätte ich meinen Nachbarn verdächtigen können. (Auch wenn es unwahrscheinlich ist, dass ein Nachbar acht Monate lang mitten in der Nacht zwanzig Sekunden lang an eine Wand klopfen sollte.)

Als das Buch fertig war, habe ich das Geräusch nie mehr gehört.

Inzwischen bin ich umgezogen und habe daher keine Ahnung, ob dieses Phänomen in meiner früheren Wohnung noch einmal aufgetaucht ist.

Ich habe keine Erklärung dafür. Es waren nicht die Leitungsrohre der Zentralheizung, denn es war ein altes Haus, in dem es nur Gasöfen gab. Außer meiner Frau hat niemand das Geräusch gehört (ich bekam damals nicht so oft Besuch). Was es bedeutete und ob es etwas bedeutete, weiß ich nicht. Wenn es ein Poltergeist war, dann war er sehr ruhig, denn er warf zum Glück meine Sachen nicht herum. Ich muss sagen, dass das Geräusch sogar ein bisschen vertraut wurde, und manchmal, wenn es wieder anfing, sagte ich laut : »Hach, da bist du ja wieder.« Meine Frau fand es allerdings unheimlich. »Du solltest aufhören, solche Bücher zu schreiben«, sagte sie. Aber, wie schon gesagt, mir macht es einfach Spaß. Also tue ich es doch. Wir werden schon sehen, was passiert ...

Paul van Loon (1955) ist ein berühmter Kinderbuchautor. In den Niederlanden hat er zahlreiche Bücher veröffentlicht, die meisten sind Gruselbücher. Auch in Deutschland sind zahlreiche seiner Bücher erschienen. Täglich erhält er Briefe von Kindern. Aufgrund ihrer vielen Fragen ist dieses Gruselhandbuch entstanden.

Zum Glück lebt Paul van Loon heute. Im sechzehnten Jahrhundert hätte man ihn wegen folgender Merkmale sicher für einen Werwolf gehalten: auffallende Augenbrauen, besonders langer Mittelfinger, Haare auf den Armen, tiefliegende Augen.

Blödsinn? Dummes Gerede?

Was meinst du denn hierzu: Bei seiner Geburt war Paul auffallend blau. (Ein Phänomen, das nicht im Gruselhandbuch zu finden ist, wo aber doch jeder weiß, dass ...)

Als siebenjähriger Junge sah er Krokodile in Wassergräben. (In den Niederlanden, wohlgemerkt!)

Bereits als Kind interessierte er sich für Gruselgeschichten,

zu einer Zeit, als es keine Gruselbücher für Kinder gab!
Nachdem er *Die Vampirschule* geschrieben hatte, begann er,
sich immer mehr wie ein Vampir zu benehmen, und musste
sich in ärztliche Behandlung begeben. (Der Arzt roch nach
Knoblauch und trug ein silbernes Kreuz um den Hals!)
Als er *Gesicht im Nebel* schrieb, bekam er acht (!) Monate
lang Besuch von einem Poltergeist. (Den auch seine Frau gehört hat, die der Sache offenbar nicht traute.)
Als Paul im März 1993 im Fernsehen auftrat, hat er seine
Sonnenbrille keinen Augenblick lang abgesetzt. (Angeblich,
weil das Licht zu grell war!)
Zufall? Jeder kann davon halten, was er will. Aber eines ist
sicher: Jeder Gruselfan sollte Paul van Loon und seine Bücher genau beobachten.

Jack Didden (1952) ist Englischlehrer auf einer weiterfüh-
renden Schule. Er interessiert sich besonders für Science-fic-
tion, Fantasy und Horror und schrieb außerdem eine Reihe
von Büchern über den Zweiten Weltkrieg.

Mirjam Pressler, geb. 1940 in Darmstadt, ist freie Autorin
und Übersetzerin. Sie hat mehr als 30 Bücher geschrieben
und außerdem sehr viele Bücher aus dem Niederländischen,
Englischen und Hebräischen übersetzt. Sie ist vielfach ausgezeichnet worden, so u.a. für ihre »Verdienste an der deutschen Sprache« mit der *Carl-Zuckmayer-Medaille*, für ihr Ge-
samtwerk als Übersetzerin mit dem *Sonderpreis des Deutschen*

Jugendliteraturpreises, mit dem *Deutschen Bücherpreis*, der *Corine*, der *Buber-Rosenzweig-Medaille* und dem *Preis der Leipziger Buchmesse* als Übersetzerin. Sie lebt in Landshut.

Axel Scheffler, geboren 1957 in Hamburg, fing dort ein Studium der Kunstgeschichte an. Danach zog er nach England und begann im Jahr 1982 sein Studium der Illustration an der Bath Academy of Art. Seitdem arbeitet er als freier Illustrator in London. Am bekanntesten ist er vermutlich für die Kinderbücher, die er mit Julia Donaldson als Autorin veröffentlicht, darunter auch *Der Grüffelo*, der mehr als zehn Millionen mal in bald 60 Ländern dieser Erde verkauft worden ist. Axel Scheffler lebt mit seiner Familie in London.

12
Register

© Text: Paul van Loon, 1994, 2017
© Uitgeverij Leopold, Amsterdam

2. Auflage 2017
Für die deutschsprachige Ausgabe:
© 2017 Verlagshaus Jacoby & Stuart, Berlin
Aus dem Niederländischen von Mirjam Pressler
Der Text wurde komplett überarbeitet und aktualisiert
Einband und Illustrationen: Axel Scheffler
ISBN 978-3-946593-44-7
Printed in Latvia
www.jacobystuart.de